예배, 하나님만을 향하게 하라

예배, 하나님만을 향하게 하라

카렐 데던스 지음
김철규 옮김 성희찬 감수

SFC

서문

이 책은 주일마다 교회가 하나님의 집에서 그의 아름다움을 사모하며 드리는 공예배를 다루고 있다. 공예배는 개인이 골방이나 가정에서 드리는 예배를 말하지 않고, 성도들이 교회로 회집하여 드리는 예배를 가리킨다. 공예배에서 드리는 찬송이나 기도, 설교 등 모든 요소들은 개인이 행하는 것이 아니라 교회가 한 성령 안에서 함께 행하는 것이다. 하나님의 전에서 교회가 드리는 공예배만큼 우리의 신앙생활에서 중요한 주제가 있을까? 공예배야말로 교회에서 다룰 수 있는 주제들 가운데서 가장 우선되어야 한다. 왜냐하면 교회는 곧 예배하는 공동체이기 때문이다.

공예배는 교회의 교회됨을 결정한다. 이 공예배를 위해 교회의 머리이신 주 예수님께서는 그의 몸 된 교회에 항존직분을 주셨고, 또 그럼으로써 교회 안에서 품위와 질서가 이뤄지도록 하셨다. 따라서 우리 믿음의 선진들은 공예배의 요소 중에서 특히 설교와 성례가 바르게 시행될 때 교회의 참된 표지가 보인다고 말하였고, 또 공예배의 순수성을 지키기 위해서 권징을 합당하게 시행했다.

그러므로 바른 공예배를 회복하는 것이야말로 신앙의 개인주의가 활개치는 현대 교회에서 바른 교회관과 교회 중심의 생활을 회복하는 길이다. 그럼에도 불구하고 어떤 사람들에게는 여전히 공예배의 중요성이 가슴이 와 닿지 않을 수 있다. 오히려 영혼 구원을 향한 전도와 선교, 혹은 사회봉사와 사랑이 더 중요하다고 생각할 수도 있다. 그 때문인지 오늘날에는 공예배를 구성하는 각 순서와 요소들, 전문 용어로 말하자면 예전(liturgy)이 소홀히 여겨지고 있다. '예배'가 하나님과 그의 백성 간의 만남을 가리킨다면, '예전'은 어떤 방법으로 그 만남이 이루어지는지, 즉 예배의 질서에 대한 것이라 할 수 있다. 영과 진리 안에서 그를 예배하는 자들을 찾으시는 하나님께서는 사모함으로 드리는 예배 자체 뿐 아니라 공예배를 드리는 방식에 대해서도 관심을 갖고 계신다. 이런 점에서 본서는 엄격하게 말한다면, 공예배의 예전에 대한 책이라고 말할 수 있다.

공예배가 중요하다면, 공예배를 왜, 어떻게 드려야 하는지 그리고 공예배의 각 순서와 요소는 무엇인지도 알아야 한다. 또한 공예배의 본질이 무엇이며, 공예배에서 어떤 일이 일어나는지를 알아야 한다. 나아가 공예배가 지향하는 목표 또한 분명히 알아야 한다. 본서의 제목인 "예배, 하나님만을 향하게 하라"는 공예배의 목표를 잘 보여주고 있다. 즉 여호와의 집(시 27:4)에서 드리는 예배와 관련된 모든 것은 오직 하나님만을 찬양하고 하나님께 영광을 돌리는데 초점이 맞춰져야 한다는 것이다.

오늘날 공예배에 대한 책을 찾기란 매우 힘들다. 이런 때에 본서는 아주 독특한 책이라 할 수 있다. 이 책은 분량은 짧지만 예배에 대한 교과서와 같은 책이다. 왜냐하면 저자는 본서에서 첫째, 개혁주의 신학의 관점에서, 둘째, 교회역사의 통찰을 통해, 셋째, 현실적인 측면을 고려하여 예배를 다루고 있기 때문이다. 이 세 가지 중 하나라도 제대로 다룬 책을 찾기가 어렵다는 것을 독자들도 익히 알 것이다. 그런 면에서 이 책은 신학과 역사와 현실 모두를 균형 있게 고려한 역작이라 할 수 있다.

이상의 세 가지 특징을 좀 더 자세히 정리하자면 아래와 같다. 첫째, 무엇보다 이 책은 개혁주의라는 바른 신학의 토대에서 공예배를 조명하고 있다. 개혁주의 예배의 특징은 한마디로 언약에서 출발하는 예배이다. 즉 예배를 언약의 당사자인 하나님과 그의 백성 사이의 만남으로 이해하는 것이다. 따라서 공예배의 모든 순서는 하나님께서 그의 백성을 만나기 위해 찾아오시고, 또 거꾸로 예수 그리스도의 은혜로 구원을 입은 하나님의 백성이 하나님을 만나기 위해 나아가는 요소들로 이루어져 있다. 다시 말해 하나님께서 예배에 기여하시는 부분이 있고, 하나님의 백성이 예배에 기여하는 부분도 있다는 말이다. 그래서 하나님께로부터 오는 복(축도), 말씀, 성례 등과 같은 요소들이 있고, 하나님의 백성들이 드리는 찬송, 기도, 헌금 등과 같은 요소들도 있는 것이다.

둘째, 이 책은 교회 역사를 통해 공예배의 요소 하나하나를 조명하고 있다. 성경에 기원을 두고 있는 예배의 각 요소들(예를 들면 설교, 성경봉독, 공기도 등)이 역사의 과정을 거치면서 어떻게 변질되었고, 또 어떻게 다시 회복되었는지 그 흐름을 잘 개관하고 있다. 그래서 우리는 그 요소들의 역사를 통해 교회사를 돌아보고, 또 거기서 중요한 통찰과 교훈을 얻을 수 있다. 그 교회사의 중심에는 16세기의 종교개혁이 있다. 왜냐하면 종교개혁은 곧 예배의 개혁이기도 했기 때문이다. 루터와 쯔빙글리, 스트라스부르크 교회의 부처와 카피토, 칼뱅 등 개혁가들은 모두 교회의 회중을 위해 공예배의 방식에 대한 예식서를 사용하였고, 스위스, 독일, 프랑스, 이탈리아, 네덜란드, 영국, 스코틀랜드의 개혁교회들도 예전을 확실히 갖춘 예배를 드렸다. 이런 관점에서 저자는 종교개혁을 비중있게 다루고 있다. 특히 본서는 종교개혁의 열매가 아름답게 맺혔던 네덜란드 교회를 배경으로 하고 있다. 그래서 본서가 다루고 있는 것이 우리의 상황과 다소 다를 수도 있다. 그럼에도 불구하고 우리는 네덜란드 개혁교회의 특수한 배경이 오히려 우리 교회에 유익이 될 수도 있다고 확신한다. 왜냐하면 공예배와 관련된 문제는 네덜란드나 한국의 상황을 뛰어넘어서 궁극적으로 온 세계에 흩어져 있는 공교회에 속한 것이기 때문이다. 우리는 네덜란드 개혁교회라는 구체적인 현장에서 교회들이 어떻게 공예배의 제반 문제를 가지고 씨름하였는지 살펴봐야 한다.

셋째, 이 책은 지금 우리가 처한 현실을 무시하지 않고 실용적이고 실제적인 면을 고려하였다. 그것은 이 책의 전반에 걸쳐 녹아있는 소위 '거짓 딜레마'를 배격하는 사상에서 잘 드러난다. 저자는 공예배에 변화를 추구하면서도 무조건적인 변화를 경계하는 한편, 동시에 메마른 보수주의에 대해서도 경고하고 있다. 이러한 접근은 공예배를 말씀과 교회사적 근거 위에 확고히 세우는 동시에 오늘을 살고 있는 우리에게 시의적절한 유익들을 가져다 줄 것이다.

이처럼 이 책은 공예배의 신학적, 역사적, 실제적인 측면을 염두에 두고 균형 잡힌 관점으로 쓰였기에 '공예배 예전의 교과서'라 불리기에 손색이 없는 책이다. 본서의 저자인 카렐 데던스 박사(Dr. Karel Deddens, 1924–2005)는 오랜 기간 목회자와 선교사로서 교회를 위해 봉사했을 뿐만 아니라, '교회력'이라는 주제로 박사논문을 썼고, 은퇴를 앞두고는 캐나다 해밀턴에 있는 신학교에서 교회론과 봉사신학('예배학' 포함)을 가르치는 교수로 사역을 하였다(1984–1990). 1981년에 네덜란드에서 처음 출판된 이 책에는 여러 분야에서 교회를 섬겼던 저자의 무르익은 신학과 통찰이 녹아 있다. 그런 점에서 본서를 읽는 독자들은 공예배와 관련하여 저자의 완숙미와 명료성, 풍성함과 균형의 덕을 맛보게 될 것이다.

아무쪼록 공예배에 관한 중요한 원리와 지침을 제공하는 이 책이 한국 교회의 예배를 바르게 인도하는 길잡이가 되기를 소망한다.

성희찬(마산제일교회 담임목사)

차례

서문		5
제1장_	거짓 딜레마	13
제2장_	간추린 예배의 역사	21
제3장_	예배의 준비	41
제4장_	예배의 순서	53
제5장_	예배의 시작과 마침	63
제6장_	성경봉독과 봉독자	75
제7장_	십계명 선포와 신앙고백	91
제8장_	설교의 영광스러움	99
제9장_	성례	113
제10장_	공적 기도	129
제11장_	시편 찬송과 찬송가	139
제12장_	교창(번갈아 부르는 회중 찬송)	163
제13장_	오르간 반주자의 봉사	175
제14장_	헌금	199
제15장_	회중의 아멘	209
제16장_	특별한 예배들	219
제17장_	결론	227

제 1 장

거짓 딜레마

중요한 문제

　이 책은 아주 중요한 주제, 곧 하나님께서 그의 백성들과 만날 때 실제로 무슨 일이 일어나는가를 다루고 있다. 따라서 이 책은 단지 목회자나 오르간 반주자뿐만 아니라 하나님을 예배하는 모든 사람을 대상으로 한 것이다. 우리가 누구를 예배하는지를 아는 것만으로는 충분하지 않다. 우리는 우리가 왜 예배를 드리는지도 알아야만 한다.

여호와 하나님께서 그의 백성들을 예배로 부르실 때, 모든 것은 그에 관해 말하고 또 그를 향해 있다. 가령 문안 인사가 회중에게 전해질 때, 또 말씀이 선포되고 입증되고 확정될 때 하나님께서 말씀하신다. 회중이 응답할 때 역시 모든 것은 하나님을 향해 있다. 회중이 기도하고 찬양할 때도 그들은 그들의 도움이 하나님께 있음을 고백한다. 하나님께서는 회중의 헌금을 받으시고 회중이 그의 약속들에 아멘으로 화답하는 것을 들으신다.

예배에 존재하는 모든 것들은 하나님을 찬양하고 영광돌리는 데 맞춰져야만 한다. 그러므로 다음과 같이 질문하는 것은 매우 중요하다. "우리는 하나님께 합당한 방식으로 예배드리고 영광돌리고 있는가?" "예배에 참여하는 모든 사람이 예전의 전 과정을 이해하고 있는가?" "그들은 예배 시간 동안 무슨 일이 일어나는지 알고 있는가?"

시의적절한 문제

예배에 관해 생각해 보는 것은 중요할 뿐만 아니라 또한 매우 시의적절한 문제이기도 하다. 최근 많은 사람들이 예배용 시편 찬송집뿐만 아니라 예전(禮典, liturgy)의 형식과 과정에도 변화를 가져오려고 시도하고 있다. 시찰회나 노회 같은 광회(廣會, broader assembly)에서 이뤄지는 논의를 보아도 이것을 잘 알 수 있다. 몇몇 회의에서는 예배와 예전을 계속해서 바꾸려는 시도에 대해 반대의 목소리를 낼 수밖에 없었다. 모든 변화가 환영할 만한 것은 아니기 때문이다.

우리는 예배와 예전에 관한 질문이 회중 가운데서 활기있게 제시되는지 생각해봐야 한다. 예배를 어떻게 바꿀 것인가의 문제는 회의에 파송된 총대에게만 전적으로 맡겨진 문제가 아니다. 회중석에 있는 사람들 역시 하나님의 말씀의 빛 아래에서 이 문제를 상고해 봐야 한다.

변화를 향한 고삐 풀린 갈망?

예전에 관해서 만큼은 어떠한 변화도 바람직하지 않다고 여기는 사람들이 있다. 그들은 진취적인 과도한 욕구, 변화를 향한 고삐 풀린 갈망에 대해 불평하면서 이러한 갈망은 시대의 악한 영들이 우리의 교회 생활에 영향을 미친 결과라고 단언한다. 그들은 현대적 시대사조가 드러나는 경우를 모두 경계하는데, 왜냐하면 이 시대의 사조가 역사적 관점을 자처하면서 현존하는 모든 구조를 전복시키려는 혁명적 경향을 가지고 있다고 생각하기 때문이다. 그 변화가 기존의 예전 순서를 바꾸는 것이든 혹은 시대에 뒤떨어진 용어를 현대화하는 것이든, 그 여부는 그들에게 그다지 중요한 것이 아니다. 그들은 변화를 위한 모든 제안 뒤에 숨어 있는 시대의 악한 영들이 우리를 조종하는 것을 경계한다.

우리는 변화에 대해 걱정하는 이러한 사람들의 말에 귀를 기울일 필요가 있다. 실제로 그리스도인들 사이에서 이러한 역사주의적 사고가 드러나기도 하는데, 그것은 종종 혁명적이고 기존의 체계에 반하는 위험한 형태로도 나타난다. 우리 사회에는 역사의 과정을 통해 서서히 발달해 온 관습과 양식을 제거하려는 시도들이 늘 있는 것이 사실이다. 하지만 그런 식의 자칭 '진보적' 태도는 그 자체로 문제가 있기에 우리는 그와 같은 혁명적 정신이 교회 안에 영향을 미치지 못하도록 경계해야 한다.

하지만 다른 한편으로 우리는 관습에서 벗어난 모든 것을 현대화나 시대 정신의 산물로 치부해서도 안 된다. 왜냐하면 요구되고 있는 변화에 역사적 근거나 기원이 있을 수 있기 때문이다. 또한 우리가 예배에서 사용하는 용어가 오래되었다면, 다시 말해 세대가 지나면서 기존의 사용하던 단어가 다른 의미를 지니게 되었다면, 원래의 단어가 의미했던 바를 나타내는 새로운 표현을 찾아야 하기 때문이다. 중요한 것은 회중석에 앉아 있는 사람들이 이해할 수 있는 언어를 사용하는 것이다.

개혁된, 그리고 개혁되어 있기를 바라는 교회는 계속해서 개혁될 의지를 갖추고 있어야 한다. 때문에 우리는 진행 중인 개혁을 이야기하기도 하는 것이다. 교회 안에서 일어나는 모든 후퇴는 악한 것에서 비롯되었고, 심지어 잠자코 가만히 있는 것 역시 실제적으로는 후퇴를 의미하는 것일 수 있다. 교회에서는 늘 좋은 의미에서의 진보가 있어야 한다. 바울 사도는 우리에게 보다 앞에 있는 목표에 도달하기 위해 힘쓰라고 요구한다(빌 3:12–16). 히브리서도 우리로 하여금 앞으로 나아가고 미래로 향하길 청하고 있다(히 6:1; 12:1; 13:14).

무익한 보수주의가 설 자리는 없다!

교회 안에서 우리는 변화를 향한 고삐 풀린 갈망에 지배되어서는 안 된다. 우리는 현대적인 의미의 진보로 나아가서는 안 된다. 하지만 반면에 교회 안에는 딱딱하고 무익한 보수주의가 설 자리도 없다. 그러한 보수주의는 단지 오래되었다는 이유만으로 그것을 유지하려고 한다. 하지만 그것은 현재에서 과거로 도망하는 것일 뿐이다. 그것은 생산적이지 못하고 수동적이다. 그것은 일이 어떻게 진행되어야 하는지 사려 깊게 연구하기보다는 시간이 지나면서 전개되어 온 것들과 이미 존재하는 것들에 집착할 뿐이다.

실제로 그러한 보수주의는 본질적으로 실험과 모험으로 도피하려는 성향을 가진 진보주의만큼이나 잘못된 것이다. 그러므로 우리에게 있어 보수적이냐 진보적이냐의 대조는 전혀 유익하지 못하다고 결론내릴 수 있다. 그것은 거짓 딜레마이다. 교회 안에서 우리는 항상 '진보'라는 단어가 줄 수 있는 가장 좋은 의미에서 진보적이어야 한다. 달리 말하자면, 우리는 더 나은 길을 알게 되었을 때 언제든 개혁될 준비가 되어 있어야 한다.

동시에 우리는 '보수'라는 단어가 줄 수 있는 가장 좋은 의미에서도 보수적이어야 한다. 우리는 영원히 명백한 진리를 보호하고 보존해야 한다. 하지만 이러한 보존은 하나님께서 우리에게 맡기신 것들을 구체적으로 표현하거나 형성하기 위한 외적 표현의 수위나 번역, 그리고 운율을 결정하는 데까지 적용되는 것으로 이해되어서는 안 된다. 세심한 주의를 가지고 보존해야 할 것은 불변하는 하나님의 말씀인 복음의 내용이다. 그래서 사도 바울은 디모데에게 그에게 맡겨진 것을 지키라고 권하는 것이다. 헬라어 원문에 따르면, 그것은 위대한 가치를 지닌 기탁물이다(딤전 6:20). 곧 바울은 구원의 복음과 그것의 선포에 관해 말하고 있는 것이다.

부활하신 주님께서도 두아디라 교회에게 '내가 올 때까지' 그들에게 있는 것을 굳게 잡으라고 권고하셨다. 이 경우에도 역시 핵심은 "진리와 거룩을 요구하는 순전하고 완전한 복음과 그 복음을 믿는 것, 그리고 그에 합당하게 사는 것"이다(S.흐레이다누스).[1] 예배에 있어서 복음을 고수한다는 것은, 하나님의 말씀을 양보하는 것은 그 어떤 것도 행할 수 없다는 것을 의미한다. 우리의 신앙고백들에서 거듭 메아리치고 있는 것처럼, 말씀의 내용은 조금도 손상되지 않도록 순수하게 보호되어야 한다.

하지만 우리가 사용하는 예배의 형식(form)을 정할 때나 그 지역의 통용어로 말씀을 표현할 때나 시편 찬송의 각운(rhyme)을 정할 때는 틀에 박힌 태도를 고수할 필요가 없다. 그러한 태도 이면에는 우리가 현재 사용하고 있는 형식과 언어만이 최종적 완성품이라는 생각이 은연중에 깔려 있다. 따라서 우리는 끊임없이 자문해야 한다. "하나님의 말씀이 의미하는 바를 가장 완전히 반영해서 울려 퍼지게 하는 것은 어떤 방식일까?" 그런데 여기에는 또 다른 규범적인 질문이 숨어 있다. "여호와 하나님께서 가장 영광 받으시는 방식은 어떤 것일까?" 결국 예배를 통해 우리는 그의 이름에 합당한 영광을 돌려야 한다. 예배가 그의 위대한 이름에 영광과 찬양을 드리는 것을 지향해야 한다는 것을 결코 잊어서는 안 된다.

---

1. *Korte Verklaring* (Kampen: Kok, 1938), p.72.

다시 생각하기

1. 본 장은 예배의 어떤 점에 관해서 말하고 있는가?

2. 본 장에서 다루고 있는 예배의 문제가 시의적절한 것인가?

3. 예배의 변화를 위한 제안은 항상 시대정신을 표현하는 것이었는가?

4. 성경 역시도 긍정적인 의미에서 예배의 진보에 대해 말하고 있는가?

5. 어떤 방식으로 우리는 보수적이 되어야 할까?

6. 어떻게 하면 교회 공동체가 예배의 문제를 함께 공유할 수 있을까?

제 2 장
간추린 예배의 역사

언약적 예배

예배에 관해 말할 때, 우리는 예배가 언약적 만남이라는 사실을 결코 잊어서는 안 된다. 물론 언약과 예배의 개념이 동일한 것은 아니다. 그러나 예배를 논할 때는 하나님께서 그의 백성들과 맺으신 언약을 결코 무시하거나 제외해서도 안 된다.

언약을 세우실 때, 하나님께서는 그의 백성 사이에 거하고자 하신다. 하나님께서는 그들에게 말씀하시고 그들의 반응을 들으신다. 바로 그것이 광야에서 그를 위한 집인 성막(聖幕, tabernacle)이 지어진 이유이다. 성막은 우리가 출애굽기 27–29장에서 보는 것처럼, '회막'(tent of meeting)이라 불리기도 했다. 이처럼 이스라엘 백성들은 하나님과 은혜로운 교제를 나누는 것이 허락되었기 때문에, 시편 84편에서 시인이 그토록 하나님의 궁정을 사모했던 것이다.

만남의 장소뿐만 아니라 만남의 시간도 정해졌다. 매주 일곱째 날이 성회의 날로 정해졌다(레 23:3). 성회는 제사장들이 은 나팔을 불 때 소집되었다(민 10:2). 시편에서 반복해서 강조되듯이, 그것은 축제의 만남이었다(예를 들어, 시편 42편과 100편을 보기 바란다).

이 만남에 있어 핵심은 속죄의 제사이다. 여호와께서 성회를 위해 정하신 날에 드리는 제물은 평소의 두 배가 된다(민 28:9–10). 이를 통해 회중은 속죄의 피를 근거로 여호와 하나님과 교제할 수 있음을 상기한다. 피 흘림이 없는 곳에는 용서도 없다. 구약의 예배를 통해 우리는 속죄의 피로 말미암아 언약의 두 당사자가 만나 교제를 나눴다는 사실을 알 수 있다. 하나님께서는 이 교제를 위해 성별된 날에 그의 백성들을 부르셨다.

또한 구약의 예배를 통해 우리는 하나님께서 백성들에게 속죄의 말씀으로 다가오셨음을 알 수 있다. 하나님께서는 그의 이름으로 이스라엘 자손에게 복을 주셨다(민 6:27). 사람들은 성소에서 이뤄지는 제사장들의 봉사로 말미암아 하나님을 바라볼 수 있었다(시 63:2). 또한 사람들은 제사장들로부터 받은 교훈을 통해 하나님의 말씀을 들었다(레 10:11; 말 2:7).

이 모든 과정에 언약백성들은 능동적으로 참여했다. 그들은 경외를 담은 기도와 즐거운 노래로 하나님께 기쁘게 나아갔다.

예전(禮典)

신약 성경에는 '예전'을 뜻하는 헬라어 *leitourgia*(레이투르기아)가 나오는데, 이는 어원상 '사람들의 이익을 위해 행하는 일(service)'이라는 뜻이다. 예전을 뜻하는 영어 단어 liturgy는 이 헬라어에서 유래된 것으로, 오늘날 예배 용어로 사용되고 있다. 하지만 이 단어는 가장 먼저 직분자로서 그리스도의 위치와 사역을 나타낸다. 그리스도께서는 이 사역을 통해 구약의 의식을 절정에 이르게 하셨는데, 곧 참된 희생제사를 드리고 참된 성소에서 그의 대제사장적 사역을 완성하신 것이다(히 8:2, 6; 10:11–13).

그리스도께서 언약을 성취하신 이후 예전이라는 용어는 본격적으로 회중이 모였을 때 드리는 예배와 관련해 사용되기 시작했다(행 13:2). 이 시점에서 제단과 희생 제물은 점차 사라지게 되었는데, 이는 예수님의 속죄가 이미 이루어졌고, 구약의 그림자들이 성취되었기 때문이다. 이제 우리는 회중의 모임(assembly, 약 2:2)과 집회로 모이거나(고전 5:4, 11:18, 14:23) 함께 모인(행 20:7), 또는 함께 만나는 사람들(고전 11:20; 히 10:25)에 관해 듣게 된다.

신약 예배의 특징은 높아지신 그리스도께서 그의 구속을 입은 백성들과 만나신다는 점이다. 그 만남은 이제 그리스도께서 부활하시고 높아지신 한 주의 첫날에 이루어진다. 두세 사람이 주의 이름으로 모인 곳에 주님께서도 그들 가운데 함께 계신다.

예배에서는 언약을 맺은 두 당사자가 만나게 된다. 첫 번째 당사자는 하나님이시다. 언약의 주도권은 늘 하나님께 있다. 하지만 비록 하나님께서 그의 백성들을 그 만남의 자리로 부르시는 것이라 하더라도, 두 당사자는 서로 사랑의 관계 안에서 만나는 것이다. 그래서 회중 역시 이 만남에 기도와 찬양을 통해 능동적으로 참여하게 된다. 하지만 이것은 어디까지나 언약의 주도자이신 하나님께서 그의 백성들에게 다가오시는 것에 대한 반향으로서의 능동성이다.

유대인의 회당

종교생활의 중심지였던 회당은 북이스라엘과 남유다가 분리된 후 생겨난 것으로 생각된다. 포로기 동안 회당은 융성해지면서 예배에 있어 중요한 역할을 감당하게 되었다.

안식일에 유대인들은 소속된 지역의 회당에 갔다(눅 4:16). 당시의 예배는 다음과 같은 요소들로 이루어져 있었다. ① 이스라엘의 신앙고백이었던 쉐마 – 사람들은 신명기 6:4의 말씀에서 시작되는 쉐마를 한 목소리로 낭독했다. ② 18가지 기도 – 인도자의 기도에 회중은 '아멘'으로 응답했다. ③ 대제사장적 축복 – 민수기 6장의 대제사장적 축복은 제사장 계열의 자손들로 공인된 사람들이 선언했다. ④ 말씀봉독과 설교 – 먼저 모세 오경에서 발췌한 성구를 봉독하고 나서 같은 방식으로 선지서를 읽었다. 말씀봉독 이후 바로 설교가 뒤따랐다(눅 4:16–27; 행 13:14–41).

초기의 교회는 성전과 회당을 종교적 중심지로 여겼던 유대인 기독교인들이 주를 이루었기 때문에 성전과 회당 예배가 초대교회의 예배 형태에 큰 영향을 미쳤다. 성경봉독과 설교를 하나의 통일체로 간주해서 그대로 따랐을 뿐만 아니라 찬송집 전체를 인계받기도 했다. 교회는 시편과 함께 성경에서 발췌한 다른 노래들과 교회의 시들을 찬송의 형태로 불렀다.[1]

초기의 기독교회

초기 기독교회의 예전에서 우리는 회당 예배에서 사용된 요소들을 발견하게 된다. 특히 회당 예배의 성경봉독과 설교는 초기 기독교회의 예배에서도 매우 중요한 요소였다. 그러므로 회당은 구약의 예배와 예수님과 사도들의 가르침, 그리고 후에 신약의 선지자들과 사도들의 설교를 잇는 중요한 연결고리가 된다.

바울은 회중의 모임에서 자신의 편지들을 소리 내어 읽으라고 명했다(살전 5:27; 골 4:16). 바울이 디모데에게 공적 성경봉독을 지시했을 때도, 이는 회중의 모임에서 정기적으로 행해지던 구약성경의 봉독을 언급하고 있는 것임이 틀림없다.

봉독된 성경구절과 관련하여 훈계와 가르침이 뒤따랐다. 이것은 말씀의 봉사와 가르침에 수고하는 직분자를 언급하는 다수의 구절로부터 알 수 있다(딤전 5:17, 4:11, 6:3; 딤후 4:2). 성경봉독과 설교 외에 기도에 대한 언급도 볼 수 있다(행 2:42, 4:29; 딤전 2:1-2; 살전 5:18). 회중은 이 기도에 참여한다(행 4:24). 회당에서 그런 것처럼 회중은 이 기도에 '아멘'으로 응답했다(고전 14:14-16).

---

1. 참고 C.W. Dugmore, *The Influence of the Synagogue upon the Divine Office* (Westminster S.W.: The Faith Press, 1964).

인사(salutation)와 강복선언(benediction)에 사용된 형식은 회당 예배에서도 발견된다. 신약성경에 등장하는 대부분의 서신도 그러한 형식을 포함하고 있다. 우리는 골로새서 4장 16절로부터 그것들이 회중의 모임에서 회람되어 읽혔음을 분명히 알 수 있다.

예배의 또 다른 중요한 요소 중 하나는 찬송이다. 사도는 회중이 찬송과 송영, 신령한 노래로(골 3:16; 엡 5:19) 하나님께 영광돌리기를 바랐다. 흔치 않은 예이긴 하지만, 신약에서는 다음과 같은 노래도 발견된다. "잠자는 자여 깨어서 죽은 자들 가운데서 일어나라 그리스도께서 너에게 비추이시리라"(엡 5:14). 이 노래는 고대의 교회에서 세례 시 사용되던 찬송이었을 것으로 생각된다.

헌금 역시 예배의 요소로 신약성경에 등장한다. 예를 들어, 사도행전 2장 42절에서는 믿는 자들이 누리던 '교제'에 관해 언급한다. 본문에서 조금만 더 내려가 읽다 보면 여기에 언급된 '교제'는 특별히 자비의 봉사를 가리키고 있음을 알게 된다. 사도는 고린도의 성도들에게 매주 첫날 예루살렘의 가난한 성도들을 위한 연보를 모아 두라고 명했던 것이다(고전 16:1–2).

예배의 요소로서 성례 역시 주목해야 한다. 회중의 모임에서는 주의 만찬이 거행되었고(행 2:42, 46; 20:7), 세례도 행해졌다(고전 12:13).

처음 몇 세기 동안의 예배

처음 3세기 동안 교회는 사도 시대에 발전했던 내실 있는 예배의 형태를 유지했다. 사도 시대 직후의 시기에서 나온 몇 개의 글들이 당시의 예전에 관한 증거들을 제공해준다.

순교자 저스틴(100-165년경)은 2세기 중반의 것으로 추정되는 그의 『변증서』(*Apology*)에서 매주 있었던 회중의 예배에 관해 다음과 같이 적고 있다.

> 태양의 축일(Feast of the Sun)이라 불리는 날, 도시나 시골에 살던 그리스도인들이 한자리에 모였을 때, 시간이 허락하는 한 봉독자는 사도들의 가르침에 대한 기억과 선지자들의 글들을 읽는다. 읽기를 마치면 인도자가 사람들을 가르치고 격려해 발췌된 성경 말씀의 진리를 행하도록 한다. 곧이어 우리는 모두 일어서서 함께 기도한다. 그리고 내가 이미 언급했듯이, 우리가 이 기도를 마칠 때, 빵과 포도주가 제공된다.
> 그 후 인도자는 그의 능력이 닿는 대로 기도와 감사를 드리고, 사람들은 아멘이라 크게 화답한다. 그 후 감사가 올려진 빵과 포도주를 각자가 받는다. 집사들은 그 자리에 불참한 자들에게도 그것을 가져다준다.[2]

저스틴에 따르면, 예배는 말씀과 성례 두 부분으로 구성된다. 설교가 끝나면 세례를 받지 않은 사람들은 그 자리에서 물러난다. 그 후 빵과 포도주가 제공된 후 평화의 키스와 함께 성례가 시작된다.

236년경 사망한 로마의 히폴리투스는 『사도 전승』(*Apostolic*

---

2. William D. Maxwell, *An Outline of Christian Worship: Its Development and Forms* (London: Oxford University Press, 1936), p.12.

Tradition)에서 주의 만찬을 기념하는 것과 사도들의 전통이 3세기 초에도 여전히 이행되고 있었음을 보여준다. 평화의 키스 후에 집사는 빵과 포도주를 예배 인도자에게 가져다줬다. 그리고 감사의 기도 후 인도자는 회중을 향해 말했다. '수르숨 코르다'(sursum corda, 우리의 마음을 하늘을 향해 듭시다). 이에 회중은 아멘으로 화답했고, 그런 후 아들을 보내주신 하나님께 감사하는 기도를 올렸다.

4세기에 접어들어서도 설교는 예배에서 중요한 위치를 차지했다. 이는 동방교회의 크리소스톰이나 서방 교회의 어거스틴이 선포한 설교를 통해서도 명백히 알 수 있다.

예배의 타락

4세기는 예전의 역사에서 중요한 분기점이 되는 시기이기도 하다. 4세기 중후반, 예루살렘 교회의 주교였던 시릴(313-387)의 영향하에 예배에서 성찬의 중요성이 크게 부각되었고, 사람들은 그리스도의 대리자로 여겨졌던 주교의 극적인 행동에 주목하기 시작했다.

시릴의 성찬 예전(communion liturgy)은 전례 없이 복잡해졌다. 손 씻기와 평화의 키스 후에 '수르숨 코르다'(sursum corda)가 뒤따랐다. 그 후 감사의 기도가 올려졌고, 회중은 '거룩하시도다'(Sanctus)를 불렀다. 연이어 시릴은 다음과 같이 말했다.

> 이러한 이유로 우리는 하늘 천사들의 찬양에 동참하기 위해 스랍들로부터 전해진 하나님을 향한 고백을 연습하는 것입니다. 이렇

게 우리 자신을 신령한 찬양들로 거룩하게 한 다음, 우리는 자비로우신 하나님께 그의 성령을 빵과 포도주에 보내주시기를 요청합니다. 그가 빵을 그리스도의 몸으로, 그리고 포도주를 그리스도의 피로 바꾸시도록 말입니다. 무엇이든지 성령께서 만지시는 것은 거룩해지고 변화되기 때문입니다.

그렇게 속죄 제물의 피 없는 영적 제사가 완성되고 나서, 우리는 하나님께 교회의 평화를 위해 간청합니다. 세계의 평안을 위해, 왕들을 위해, 군인들과 동맹을 위해, 병자들을 위해, 괴로워하는 자들을 위해, 즉 구원이 필요한 모든 자를 위해 우리는 간청하고 이 희생 제물을 올려드리는 것입니다. 그러고 나서 우리는 또한 우리보다 먼저 잠든 자들을 기념합니다. 우선은 족장들과 선지자들, 사도들, 순교자들을 기념하는데, 이는 그들의 기도와 중재를 통해 하나님께서 우리의 간구를 들으시도록 하기 위함입니다. 또한 우리보다 먼저 잠든 교부들과 주교들을, 그리고 우리 가운데 있던 자 중 먼저 간 모든 사람을 기념합니다. 그 거룩하고 장엄한 제사가 올려지는 동안 우리의 기도가 그들의 영혼에 매우 유익할 것임을 믿으면서 말입니다.[3]

그 후 시릴은 주기도문의 모든 간구들에 대해 해설한다. 그는 주기도문의 네 번째 간구를 "오늘날 우리에게 일용할 초-물질적(super-substantial) 양식을 주소서"라고 하며 다음과 같이 설명했다.

---

3. F.L. Cross, *St. Cyril of Jerusalem's Lectures on the Christian Sacraments* (Crestwood: St. Vladimir's, 1977), p. 74.

여기에 있는 이 평범한 빵은 초-물질적 빵이 아닙니다. 하지만 이 빵은 우리 영의 실체(substance)를 위해 정해진 거룩하고 초-물질적인 빵으로 변합니다. 왜냐하면 이 빵은 배로 들어가서 뒤로 버려지는 것이 아니라 여러분들의 몸과 영의 유익을 위해 여러분 안에서 편만하게 되기 때문입니다. 그리고 여기서 우리 주님께서는 '오늘날'(this day)이라는 표현을 통해 '매일'(each day)을 지칭하고 계십니다. 바울이 '오늘이라 일컫는 동안에'라고 말했던 것처럼 말입니다.[4]

이러한 설명이 끝난 뒤 주기도문을 했다. 그 후 성가대 선창자는 이 '거룩하고 신비로운' 성찬에 참여하려는 사람들을 노래로 인도했다. 빵과 포도주를 받을 때 사람들은 손을 죽 뻗어서도 안 되고 손가락을 펴서도 안 되었다. 그들은 마치 왕좌가 왕을 맞이하듯이 왼손으로 오른손을 받쳤다. 그리고 그리스도의 몸을 오른손에 받아 들고 '아멘'이라 말했다. 그들의 눈이 그 거룩한 몸을 바라보며 거룩해졌을 때, 그들은 조금이라도 흘리지 않게 조심하며 빵 전체를 먹었다. 그러고 나서 시릴은 이렇게 말했다.

그의 피가 든 잔을 받으십시오. 여러분의 손을 죽 펴지 않은 채로, 예배와 숭배의 태도로 몸을 숙이고 아멘이라 말하면서 받으십시오. 이 그리스도의 피에 참여함으로 자신을 깨끗하게 하십시오. 그리고 입술에 아직 습기가 남아있는 동안 손으로 그것을 만

---

4. Cross, p. 76.

지며 여러분의 눈과 이마와 다른 감각들도 깨끗케 하십시오.[5]

이 모든 과정이 마치고 나서야 예배는 감사의 기도와 함께 마칠 수 있었다.

예루살렘 교회에서 시작한 이러한 예전은 4세기 중후반 경에 동서방 교회로 퍼져나갔다. 이 변화는 천천히 그러나 확실하게 진행되었다. 주교나 사제가 수행하는 행위들이 강조되었고, 성찬이 예전의 중심을 차지하게 되었다. 무엇보다 희생 제사가 감사의 제사를 대체하게 되었다. "(이 모든 것이 끝나고 나서) 기도를 기다리십시오. 또한 여러분을 이 위대한 신비에 참여케 하신 하나님께 감사하십시오."[6]

4세기 이후부터는 예배에서 가장 중요한 부분, 곧 말씀하시는 하나님과 화답하는 회중의 만남이 더욱 심하게 상실되었다. 하나님은 침묵하셨고, 설교단은 구석으로 밀려났다. 하나님은 오직 성례를 통해서만, 그리고 신비적이지만 중요하게 여겨졌던 방법으로만 만날 수 있었다. 실제적 참여의 의미에서 회중은 점점 더 예배에서 제외되었다.

이 시기에 예배에서 만난 당사자는 하나님과 사제(성직자)였다. 회중은 멀리서 이 예전적 드라마를 지켜볼 수밖에 없었다. 중세 초기에 화체설[7] 교의가 공식적으로 선언되고 제단이 예배의 중심을 완

---

5. Cross, p. 79.
6. Cross, p. 79–80.
7. 이 교리에 따르면 비록 성찬에 사용된 빵과 포도주의 우유(accident, 철학적 용어)는 바뀌지 않는다 하더라도 빵과 포도주 안의 실체(substance, 또 다른 철학적 용어)는 그리스도의 몸과

전히 차지하게 되었을 때, 교회는 신약성경과 초기 몇 세기의 예배에서 많이 이탈하게 되었다.

종교개혁

변화는 종교개혁의 시기에 찾아왔다. 종교개혁자들이 로마교에 대항해 내세웠던 예배의 가장 중요한 원리는 예배가 하나님과 사제의 만남이 아닌 하나님과 그의 백성들의 만남이라는 것이었다. 개혁자들은 사제들의 속삭임이나 성례전적 마술이 아니라 복음이 사람들이 듣고 이해할 수 있을 정도로 또렷하고 명백하게 설교되기를 바랐다. 종교개혁은 회중을 예배에 참여할 자격이 없는 무능한 관람객의 신분에서 참된 언약의 당사자 신분으로 돌려놓았고, 또한 예전에서 담당해야 할 그들의 몫을 되돌려줬다.

특별히 교회가 예배의 문제에 있어 성경의 요구로 돌아가야 한다고 주장한 개혁자는 장 칼뱅(1509–1564)이었다. 회중이 예배에 능동적으로 참여할 수 있게끔 그는 예배의 요소들이 사람들이 이해하기 쉬운 단순한 형태로 이뤄져야 한다고 주장했다. 이것은 예배의 기물을 포함해 예배에 사용된 장소 또한 중대한 변화를 겪어야 했음을 의미한다. 그렇다고 해서 이러한 변화를 위해 칼뱅이 파괴적인 방법을 쓴 것은 아니다. 그는 단지 예배가 원래의 형태로 돌아가길 주장했을 뿐이다. 1542년에 펴낸 예배 모범(service book)의 서론에서 그는 예배와 관련해 초대교회의 관습을 따르기를 희

피로 변화된다. 따라서 비록 외관은 그대로라 하더라도 빵과 포도주는 그리스도의 실제 몸과 피로 여겨진다.

망한다고 밝혔다. 또한 1545년 예배 모범의 서문 역할을 한 변증서(apologia)에서 그는 다음과 같이 적고 있다.

> 우리는 죄의 고백으로 시작해 율법과 복음에서 발췌한 사죄 선언을 추가한다. 예수 그리스도께서 스스로 의와 생명을 지니시고 또 그가 아버지를 위해서 사시기 때문에 우리는 그리스도 안에서 의로워지고, 또한 그를 통해 새로운 삶을 산다는 것을 확신한다. 우리는 계속해서 시편 찬송과 경배의 찬양을 부르고, 성경봉독과 신앙고백, 그리고 거룩한 봉헌 및 헌금을 한다. 우리는 말씀봉독과 복음의 설교, 그리고 신앙고백에 고무되고 자극받아 우리 안에 활활 타오르는 그리스도의 생명으로 모든 이들의 구원을 위해 기도해야 한다. 그리스도의 삶이 잃어버린 자들을 찾아 구원하는 것이라면 우리가 모든 이들을 위해 기도하는 것은 마땅한 일이다. 또한 이 성찬을 통해 진실로 예수 그리스도를 받기 때문에 우리는 그에게 영과 진리로 경배드린다. 성찬을 큰 경외심으로 받고, 모든 예전을 찬송과 감사로 마무리 짓는다. 바로 이것이 예배의 이유이자 모범이며, 이는 사도들과 순교자들, 그리고 교부들이 행한 고대교회의 예배 양식과 일치한다.

칼뱅은 주의 만찬을 적어도 한 달에 한 번 이상 거행하기를 원했다. 그는 이러한 사실을 『기독교 강요』나 그의 편지들을 통해 분명히 밝혔다. 예를 들어 1555년에 베른의 행정관들에게 보낸 편지에서 그는 다음과 같이 주장했다.

비록 새로운 문제는 아니지만 또 다른 문제가 있습니다. 그것은 우리는 성찬을 일 년에 네 번 집례하는데, 여러분은 세 번만 하고 있다는 것입니다. 하나님께서는 여러분과 우리가 성찬을 더 자주 집례하기를 바라십니다. 왜냐하면 성 누가의 사도행전을 보면 초기의 교회에서 성찬을 보다 자주 거행했음을 명백하게 알 수 있기 때문입니다. 그리고 그것은 고대교회에서도 오랫동안 지속되었습니다. 지금의 혐오스러운 미사가 사탄에 의해 일어나기 전까지는 말입니다. 사탄은 사람들로 하여금 일 년에 한두 번만 성찬을 받을 수 있게 만들었습니다. 그러므로 사도들의 본을 따르지 않는 것은 우리에게 큰 결함이라는 것을 알아야 합니다.

비록 칼뱅이 성찬에 관해 이같은 견해를 표방하긴 했지만, 그의 생각이 널리 퍼지게 된 것은 아니다. 우리는 6년 후 이 문제에 있어서 어쩔 수 없이 양보해야만 했던 칼뱅의 탄식을 발견하게 된다. 그러면서 그는 언젠가 더 나은 관습이 형성되기를 바란다는 소망도 피력했다. "저는 우리의 관행에 결함이 있음을 공적으로 알리기 위해 애썼습니다. 바라기는 저를 뒤이어 사역할 사람들이 쉽고 자유롭게 그것을 교정할 수 있었으면 합니다."[8]

종교개혁 시기의 변화를 반영하는 예전은, 칼뱅 자신이 사역했던 스트라스부르그(Strasbourg)와 제네바(Geneva)뿐만 아니라 런던(London)과 프랑켄탈(Frankenthal)과 같이 네덜란드에서 망명한 칼뱅주의자들이 세운 피난민의 교회들이 있었던 도시에서도 행해졌

---

8. 칼뱅의 글은 Maxwell, *An Outline of Christian Worship*, pp. 116, 118.에서 인용.

다. 스트라스부르그에서는 죄를 고백하고 회개하는 예배자들에게 은혜와 용서를 선포하는 순서가 따로 있었지만, 제네바의 예전에는 이러한 요소가 없었다. 마틴 미크론(Martin Micron)이 목사로 있던 런던에서는 설교 후 예배가 끝날 때 즈음 십계명이 선포되었다.[9] 이에 반해 페트루스 다테누스(Petrus Dathenus)가 목사로 있던 프랑켄탈에서는 설교 전 예배의 시작 즈음에 십계명이 선포되었다.[10]

이러한 차이에도 불구하고 종교개혁 시기 예전의 근본적 방향은 전체적으로 명확했다. 곧 예배 전체가 하나님과 그의 백성들이 상호의 관계 속에서 조우하는 방식으로 구성되었다는 것이다. 하나님 편에서의 행동이 있는가 하면, 그에 대한 반응으로서 회중의 행동도 있었다.

개혁된 예전들마다 모두 고정적으로 나타나는 요소들이 있었다. 먼저, 하나님의 말씀은 성경봉독, 설교, 세례와 성찬의 시행, 그리고 강복선언과 같이 구별된 방식들로 회중에게 전달되었다. 그에 대한 반응으로 회중 또한 죄의 고백, 신앙고백, 기도, 찬송, 그리고 헌금과 같은 요소들로 하나님께 나아갔다.

종교개혁 이후

종교개혁 이후 예전은 퇴보의 시기를 겪어야 했다. 그러다가 18

---

9. 미크론은 1523년 벨기에의 겐트(Ghent)에서 태어나 1559년에 사망했다. 그는 바젤과 취리히에서 학업을 마친 후에 런던에 가 플란더스 난민 교회의 목사가 되었고, 독일 개혁교회에서 섬기기도 했다. 그는 1554년에 재세례파 지도자였던 메노 시몬스와 논쟁을 벌이기도 했다.

10. 페트루스 다테누스는 1531년(혹은 1532년)에 플란더스에서 태어나 1588년에 사망했다. 그는 프랑크푸르트의 플란더스 난민 교회 목사로 섬겼고, 돌트총회(1578)의 의장으로 봉사하는 등 초기 네덜란드 개혁교회에서 중요한 역할을 했다. 말년에는 의사로 활약했다.

세기에는 교회가 권징이 없는 사람들의 모임으로 전락하면서 예배가 가장 밑바닥으로 떨어지게 되었다. 그리고 나니 낭만주의가 들어와 어리석고 기괴한 장식품들이 교회 건물에 화려함을 더했고, 복음 성가가 언약의 노래인 시편 찬송의 자리를 차지하게 되었다. 태만과 경솔함이 말씀에서 비롯된 예배에 대한 사람들의 사랑을 식게 만들었다.

19세기 중반, 일부의 사람들이 예전의 회복을 위해 노력한 결과 교회 안에 생명력이 없는 예배에 대한 각성이 어느 정도 일어났다. 영국에서는 존 헨리 뉴먼(John Henry Newman, 1801-1890)이 새로운 운동의 엔진 역할을 했으나, 결국 그는 로마교회로 넘어갔다. 프랑스와 독일에서는 예배의 외적인 형태에 있어 갱신이 있었으나 그것은 참된 개혁이 아니었다. 왜냐하면 이 예전 회복 운동은 궁극적으로 예배의 중심인 성경적 설교로 이어지지 못했기 때문이다. 로마 가톨릭의 경우 이 예전 회복 운동이 제2차 바티칸 공의회(1962-65)와 같은 교회 회의의 경로를 따라 일어났다. 하지만 로마교는 성례 중심적 예전-특히 주의 만찬의 가톨릭 버전인 미사를 중심으로-을 벗어날 수 없었다.

이러한 일련의 갱신에도 불구하고 로마 가톨릭의 예전은, 루터의 표현을 빌자면, 일종의 희생 제사로 남아 있었다. 그것은 인간이 하나님께 가져가야 할 속죄 제물이었다. 로마교는 제2차 바티칸 공의회에서 작성된 "거룩한 예전에 대한 헌장"(Constitution of the Holy Liturgy)에서 그러한 표현을 계속해서 고수했다.

에큐메니즘(ecumenism)과 현대의 자유주의

좀 더 최근에 이르러서는 자유주의자들이 '여백의 예전'(liturgy of empty space)이라는 것을 주장하고 있다. 그들에 따르면, 현대인들은 고 교회(high church) 전통에 의해 규정된 예전에 더는 만족을 느끼지 못한다. 따라서 예전 역시 현대인의 상황과 사고에 알맞게 변형되어야 한다. 신비주의적인 예전과 친구들 사이의 교제라는 맥락에서 휴식을 취할 수 있는 공간은 필수적이다. 설교는 없어도 된다. 하나님의 말씀은 과거의 산물이기 때문이다. 이 '여백의 예전'에 말씀 대신 자리 잡은 것은 사람들이 함께 모여 명상하고 생각하는 것이다. 적어도 이것이 자유주의 사상가 크리키(S. Krikke)가 '가나안 성도'(marginal church members-교회에 가지 않는 성도)를 붙잡고자 한 주장이었다.[11]

이 후기 기독교(같은 사상의 또 다른 표현)는 후큰다이크(J. C. Hooekendijk)가 '사도직'(apostolate)을 언급하며 추천한 것이기도 하다. 그는 현대인은 예전에 관해 아무런 호감을 느끼지 않는다고 주장했다. 그에 따르면, 우리는 '권위적인' 생각에서 벗어나 이동식 예배로 옮겨가야 한다. 교회는 '작은 집 회중'으로 나누어져야 한다. 그곳에서 학생들, 간호사들, 아파트 거주민들, 혹은 노인들이 끼리끼리 모여서 서로를 권면하고 격려해줘야 한다. 직분자의 역할은 존재하지 않는다. 왜냐하면 직분자는 과거로 돌아가는 보수주의를 떠받치는 기둥과 같은 존재이기 때문이다. 직분자에서부터 교회 내

---

11. 자세한 내용은 그의 책 참조, *Veranderd levensbesef en liturgie* (Assen/Amsterdam: Van Gorcum, 1976).

계층 구조가 형성되는데, 그것은 교회가 성숙해지고 능력을 발휘하는 데 걸림돌이 될 뿐이다. 따라서 교회는 계속해서 작은 그룹으로 나누어져야 한다. 또한, 나누어진 교회는 늘 이동할 준비가 되어 있어야 한다. 왜냐하면 결국 그것이 사도들의 역할이었기 때문이다.[12]

바른 예배로부터 한 단계 더 이탈하게 된 것은 1968년 서독에서 도로티 솔러(Dorothee Sölle)의 지도력 하에 시작되어 빠르게 네덜란드로 확산된 '행동 예배'(action service)에서 비롯된다. 행동 예배를 주창하는 사람들은 자신을 '기독교 사회주의자'(socialist Christian)라고 부른다. 그들에게 예배는 사회적 행동을 위한 시간이자 장소이다. 그러한 사고의 시작점은 희망 없고, 차별당하며, 억압받고, 가난하고, 착취당하고, 어려움에 부닥친 사람들을 돌보지 못하는 기존 예배의 '비참한 실상'에 대한 반성에 있다.

이렇게 '행동'을 지향하는 예배의 핵심에는 사회 부조리의 근원적인 원인에 대한 고찰이 있다. 현존하는 체제에 대한 항의가 있었고, 현대 사회를 구성하는 관계와 구조를 전면적으로 변화시키기 위한 계획이 뒤따랐다. 그들은 성경의 특정 단어들이 행동 예배를 적극적으로 지지한다고 생각한다. 하지만 그들이 말하는 예배는 정치적 모임과 다를 바 없다. 그들은 '예전'이라는 단어를 자기들의 사상을 주입하고 선동하기 위해 잘못 사용하고 있다.

세계 교회 협의회(Word Council of Churches)에서도 유사한 논의들이 있었다. 협의회가 1948년에 암스테르담에서 설립되었을 때,

---

12. 그의 글들을 정선한 책 *De kerk binnenste buiten* (Amsterdam, 1964). 그리고 P. van Gurp, *Kerk en zending in de theologie van Johannes Christiaan Hoekendijk* (1912-1975), *Een plaatsbepaling* (Haarlem: Aca Media, 1989), pp. 185-191; 또한 그의 개요, pp. 327-338. 참조

소위 '예배 운동'은 이미 진행 중에 있었다. 1952년, 스웨덴의 룬드에서의 모임 후에 에큐메니컬 운동과 예배 운동은 함께 나란히 진행되었다. 뒤이어 1954년에 일리노이 주 에번스턴에서 열린 회의에서는 인종 차별이 논의되었다. 1961년 뉴델리에서는 공산주의를 지지한 교회의 가입이 허락되었다. 예배에 관한 논의는 1968년 스웨덴의 웁살라에서 열린 대회에서 재개되었다. 웁살라 회의에서는 혁명 신학이 큰 영향력을 발휘했다. 또한 1975년 나이로비에서 열린 총회는 해방 신학이 지배했다. 1983년 밴쿠버에서 열린 회의에서 도로티 죌러가 연설했을 때, 그녀는 사람들로부터 열렬한 환호를 받았다. 세계 교회 협의회에서 해방 신학은 생생하게 살아 숨 쉬고 있었다.

 최근에도 '행동 예배'를 뒷받침하는 생각들은 점점 더 공감을 얻어가고 있다. 그러한 예배는 정치적인 성향을 띠고, 예배를 더는 '보는 것'(로마 가톨릭)이나 '듣는 것'(종교개혁)의 문제로 여기지 않는다. 그것은 '행하는 것'의 문제이다.

 에큐메니컬 운동 안에서 사람들은 예전의 다양성을 존중해줘야 한다고 주장한다. 그들은 '기념하는' 예배(로마 가톨릭 교회), '듣는' 예배(개혁교회), '행하는' 예배(현대적 사고의 영향을 받은 교회)에 대해 말한다. 이 예전들은 지향점이 근본적으로 다른데도, 그들은 이것들을 동등하게 타당한 선택지로 받아들여야 한다고 생각한다.

다시 생각하기

1. 구약 예배와 신약 예배는 서로 다른 것인가?

2. 신약 '예전'의 배경은 어떤 것인가?

3. 고대교회의 예배에는 어떤 요소들이 있는가?

4. 예배의 퇴보는 언제 그리고 어떻게 나타났는가?

5. 종교개혁은 예배에 어떤 변화를 가져왔는가?

6. 로마 가톨릭의 예배의 특징은 무엇인가?

7. 로마 가톨릭의 예배와 종교개혁의 예배에 공통점이 있는가?

8. 소위 '여백의 예전'이란 무엇인가?

9. 소위 '이동하는 교회의 예배'란 무엇인가?

10. 성경이 '작은 집 회중'에 대해 말하고 있는가?

11. 사람들은 '행동 예배'를 통해 무엇하기를 원하는가?

제 3 장

예배의 준비

중세의 예배 준비

예배가 얼마나 중요한지를 알았다면, 합당한 준비 없이는 예배가 이뤄질 수 없음도 깨달을 수 있을 것이다. 예배 준비는 예배 인도자뿐만 아니라 회중에게도 있어야 한다.

오래전 중세 시대에는 예배의 준비를 중요하게 여겼다. 교회 건물 안에서 '입당송'(*Introitus*, 예배의 시작 즈음에 부르는 찬송)을 부름으로써 예배 준비가 시작되었다. 이러한 준비는 예배를 통해 더 높은 단계로 올라가기 위한 필요에서 나왔다. 이 준비에는 죄의 고백이 포함되었지만, 은혜의 선포는 포함되지 않았다. 그리고 죄를 용서하고 예배 참석자들을 받아들이는 기도가 있었다. 이러한 맥락에서 실제로 예배의 서막(prelude)이 있었다고 말할 수 있다. 사람들은 다음과 같은 고백으로 예배의 서막을 시작했다.

> 하나님과 그의 회중 앞에서 고백하노니,
> 나는 그의 뜻과 구원을 거부해왔습니다.
> 나를 위해 기도해 주세요.
> 내가 그의 얼굴 앞에서 살고,
> 내 평생 그를 섬길 수 있도록.

때때로 예배 인도자가 이렇게 말하고 나면 회중은 다음과 같이 대답하기도 했다.

> 여호와께서 당신을 사하시고,
> 그가 계획하신 미래를 위해
> 당신을 보존하실 것입니다.

그런데 이러한 준비는 사실상 예배의 틀 안에 들어가기 때문에 여기서 논의하고자 하는 대상은 아니다.

준비일

성경은 예배의 '준비일'에 대해 말한다. 그 날은 우리 구주의 매장과 관련이 있다. "그 이튿날은 준비일 다음 날이라 대제사장들과 바리새인들이 함께 빌라도에게 모여 이르되"(마 27:62). 비슷한 표현이 요한복음 19장 14절의 '유월절의 준비일'에서도 발견된다. 바우마(C. Bouma) 교수는 유대인들에게서 '준비일'이라는 단어가 서서히 금요일을 지칭하는 것으로 바뀌었다고 주장한다.[1] 사람들은 안식일을 준비되지 않은 채 맞이하지 않았다!

개혁교회의 예배에서도 준비일에 해당하는 요소가 있는데, 바로 주의 만찬이 있기 전 주일의 예배이다. 그 날의 오전 예배 설교에서는 다가오는 성찬에 대해 특별한 관심을 불러 일으키고, 그것의 준비를 위한 예식서를 읽기도 한다. 하지만 개혁교회의 역사를 돌이켜보면, 신자들이 늘 '성찬이 있기 전 한 주'를 성찬을 준비하기 위한 기간으로 생각했던 것은 아니다. 런던에 있었던 아 라스코(á Lasco)의 난민 교회에서는 성찬이 있기 전 날 성찬 준비를 위한 짧은 설교가 있었다. 또한 그 때에 누가 성찬에 참여할 수 있는지, 혹은 누가 참여할 수 없는지 발표되었다.

비슷한 종교개혁의 초기 시기에 팔츠(독일)의 난민 교회에서도 토요일에 성찬 준비 설교가 있었다. 이 예배 후에 신자들은 남아서 개인적으로 자신의 신앙을 고백하는 시간을 가졌다. 독일의 엠덴(Emden) 난민 교회에서는 성찬이 있는 주일 아침에 회중을 상대로 공적 신앙고백이 요구되었다. 각 질문에 대해 신자들은 함께 큰 소

---

1. 자세한 내용은 그의 주석 참조 *Korte Verklaring* series, (Kampen: Kok, 1933) p.231.

리로 대답해야 했다. 이러한 전통은 후에 네덜란드에 정착되었는데, 특히 흐로닝겐(Groningen)과 레이와르덴(Leeuwarden)에서 두드러지게 나타났다.

설교 준비

종교개혁 직후에는 당회와 목사를 중심으로 교회 전체가 성찬을 준비하기 위해 많은 시간을 할애했다. 그렇다면 예전에서 가장 중요한 부분인 설교에 대해서도 동일한 말을 할 수 있을까? 아니면 모든 회중이 준비되지 않은 상태로 설교를 들었을까? 그리고 예배 인도자는 그의 설교가 선포되기 훨씬 전에 미리 설교를 준비했을까? 유감스럽게도 많은 경우 설교는 마지막 순간에 작성되었고, 회중은 주일 설교의 본문이 어디인지 미리 전달 받지 못했다. (물론 요리문답 설교가 아닌 오전 예배의 설교에 해당하는 말이다.) 여기서는 그런 식의 설교 준비가 과연 합당한 것인가에 관해 다루고자 한다.

설교 준비가 늦춰지는 데에는 수많은 이유들이 있을 것이다. 오늘날에는 많은 업무량으로 고통 받는 목회자들이 교회 업무를 핑계로 설교 준비를 미루는 경우가 있다. 하지만 나는 그것이 결코 합리화될 수 없는 '핑계'라고 생각한다. "아기(이 경우 설교)는 단순히 필요에 의해 낳는 것이 아니다." 우리는 설교자가 다른 업무에 치여 설교 준비를 미루다가 한 주가 끝나갈 무렵 마감에 시달려서 설교를 내놓는 것을 용인할 수 없다.

목사가 설교를 준비할 수 없을 정도로 많은 업무량에 시달린다면, 그것 자체로 큰 문제이다. 분명히 그의 업무량을 줄이기 위한 방안이 있어야 한다. 만약 그가 한 주의 시작 즈음에 설교를 전혀 준비할 수 없는 상황이라면, 그의 시간 관리 방법을 비판적으로 점검해봐야 한다.

한편 설교자가 회중을 위해 준비해야 하는 설교의 절대량이 너무 많을 수도 있다. 그런 경우 설교자는 한 설교를 안정된 환경에서 깊이 있게 준비할 수 없다. 하지만 이 경우에도 방책을 마련하는 것이 불가능한 것은 아니다. 오늘날 교통과 통신의 발달로 목회자들은 강단을 쉽게 교환할 수 있게 되었다. 따라서 강단 교환을 통해 새로운 설교를 준비하는 데 드는 시간을 단축할 수 있을 것이다.

예배의 인도자는 충분한 양의 시간을 설교 준비에 바칠 수 있어야 한다. 가장 이상적인 것은 설교를 미리 준비하고 교회 주보나 다른 수단을 통해 설교 본문, 주제, 그리고 대지를 알리는 것이다. 그렇게 하는 것이 설교자에게도 도움이 된다. 뿐만 아니라 그것은 회중을 자극함으로써 다가올 주일에 선포될 설교에 대한 기대를 끌어올릴 수도 있다.

기도를 위한 준비

예배를 위한 합당한 준비는 설교에만 해당되는 것이 아니다. 그것은 예전의 모든 부분에 필요하다. 그 중에서도 특별히 기도에 있어서 필요하다. 사람들이 '기도의 은사'에 관해 말하던 때가 있었다. 흔히 즉흥적으로 가장 포괄적인 기도를 할 수 있는 사람이 그러한 '은사'를 받았다고 생각했다. 하지만 트림프 교수(C. Trimp)는 대표

기도 역시 준비가 필요하다고 주장한다. 특히 예배를 위한 중보 기도를 할 때는 더욱 그렇다.

어떤 이들은 설교 직후에 긴 기도에 들어가는 것이 설교자에게나 회중에게 부담이라고 말하기도 한다. 하지만 트림프 교수는 이러한 주장을 정당한 것으로 여기지 않는다. "이러한 주장은 설교자가 기도를 미리 세심하게 준비했다면 설득력을 잃을 것입니다."[2]

회중을 위해, 세계의 필요를 위해, 그리고 하나님의 나라를 위해 기도하는 것은 매우 책임이 큰 일이다. 그러한 기도를 순간의 영감에 맡기는 것은 합당치 않다. 대표 기도자가 회중을 대신해 중재하고 회중의 필요를 하나님께 고하며 하나님께 감사하기 위해서는 적절한 준비가 필수불가결하다.[3]

봉헌과 찬송을 위한 준비

예배 중 하나님께 바치는 봉헌(offerings)을 위해서도 준비가 필요하다. 이는 우리가 바치는 기도 뿐만 아니라 헌금(collections)에도 해당된다. 회중은 헌금이 무슨 용도로 거둬지고 있는지, 또한 얼마만큼이 요구되는지에 관해서도 미리 알고 있어야 한다. 회중이 그 용도에 대해 알지 못하는 상태에서 목적이 불분명한 헌금이 있어서는 안 된다. 물론 회중은 기쁜 마음으로 헌금을 드려야 한다.

찬송에 있어서도 회중이 예배에서 어떤 노래가 불려질 것인지 미

---

2. 그의 기고를 참조 *De Reformatie*, Vol. 54, No.41.

3. J.J. van der Walt, *Soek die Here in Sy tempel* (Potchefstrrom, S.A.: Theologiese Publikasies, 1982)는 공적 기도가 준비, 묵상, 그리고 사전 기도를 필요로 한다고 주장한다.

리 알고 있는 것이 좋다. 제네바 시편 찬송은 아름다운 멜로디를 많이 가지고 있지만, 몇몇 곡들의 곡조들은 생소한 것들도 있다. 하지만 회중이 주일에 어떤 찬송이 불려질지 미리 알고 있다면, 미리 연습하고 익숙하지 않은 곡조를 익히기 위해 개인적으로 준비할 수 있을 것이다. 그러면 주일에 영적으로 더 잘 준비된 상태에서 하나님의 회중으로서 한 목소리로 찬양을 올려드릴 수 있을 것이다.

이러한 준비의 규칙들은 오르간 반주자에게도 해당된다. 오르간 반주자는 매우 귀하고 책임 있는 사명을 부여 받았다. 오르간 반주자가 예배에서 합당한 음악 인도자로서의 역할을 감당하기 위해서는 예배 시작 겨우 몇 분 전에 곡들을 받아서는 안 된다. 그보다 그는 예배에 부를 찬양에 관해 미리 통보를 받고 주중에 곡들을 연습할 기회를 가져야 한다. 물론 예배 시작이나 찬송 전에 어떤 전주곡을 쓸 것인지, 혹은 예배 마친 후의 후주곡이나 헌금이 거둬질 때 어떤 곡을 반주할 것인지를 정하는 것은 오르간 반주자의 재량에 따라 결정할 수 있다. 하지만 이 경우에도 그가 전체 예전에 대해 사전에 통보를 받았다면 더 효과적인 선택을 할 수 있을 것이다.

예배 전 준비

예배 전에 우리는 무엇을 준비하고 있는가? 가족들은 주일 아침, 예배를 기억하며 기도하고 있는가? 그리고 한 주의 마지막, 세상 사람들이 헤어지면서 좋은 주말 보내라고 인사할 때, 우리는 하나님께서 다가오는 주일에 주실 복을 기대하고 있는가?

하나님의 자녀인 우리는 다른 모든 행위에서 뿐만 아니라 특히 예배에서 모든 것이 하나님의 복 주심에 달려 있다는 것을 충분히 인지하고 있는가? 또한 우리가 기도할 때, 예배를 인도할 목사를 위해 간구하는가? 현대의 많은 교회들에서 목사는 기도 가운데서 회중의 지지를 받기보다는, 그들의 애깃거리에 더 자주 등장하는 것 같다.

우리 모두가 가정에서 개인적인 기도를 충실히 한다면 예배 시작 전에 묵도는 불필요할지도 모른다. 아브라함 카이퍼는 묵도 시간이 필요한 이유를 교회가 연약하기 때문이라고 생각했다. "많은 사람들의 연약함과 불경건이 아마도 (묵도를) 계속해야 할 이유일 것입니다. 이 관습은 높은 수준의 경건을 드러내기보다는 오히려 그것의 결핍을 드러냅니다. 따라서 그러한 기도는 가정에서 하는 것이 더 나을 것입니다."[4]

예배를 합당하게 준비하기 위해 예배 전 당회실에서 당회가 합심해서 기도하는 것도 필요하다. 로마 가톨릭 교회에서 예배집전자(literge)[5]는 미사 시작 전에 조용히 묵상한다. 그는 꼼꼼하게 작성된 '미사 준비문'을 그대로 이행하는데, 이 과정에는 기도, 손 씻기, 그리고 알맞은 의복으로 갈아입는 것 등이 포함된다. 하지만 종교개혁의 정신은 이 예배집전자를 '예배를 홀로 주관하는 개인'으로 보

---

4. *Onze Eeredienst* (Kampen: Kok, 1911), p.183.
5. 예배학자(liturgist)가 예배를 연구하는 사람이라면, 예배집전자(ligurge)는 예배에서 예전적 기능을 담당하는 사람이다. 이 용어와 개념에 관해 더 알기를 원한다면, 본인의 다음 글을 참고하기 바란다. "The Liturge: A Study of the History and Principles of This Office," in *Unity in Diversity: Studies Presented to Prof. Jelle Faber on the Occasion of His Retirement*, ed. Riemer Faber (Hamilton: Senate of the Theological College of Canadian Reformed Churches, 1989), pp. 115–28.

지 않고, 그가 예배에서 하는 모든 행위에 있어 '당회에 의해 권한을 부여받은 자'로 본다. 이러한 점을 생각한다면, 당회 구성원이 예배 시작 전에 여호와 하나님의 복 주심과 순탄한 예배 진행, 그리고 성령의 능력이 예배 인도자에게 임할 것을 기도하는 것은 당연한 일이다.

몇몇 사람들은 이러한 관례가 박해의 시기에 생겨나게 된 점을 들어 이의를 제기하기도 한다. 곧 그러한 기도는 예배가 다른 권위들에 의해 방해받는 위기의 시기에나 필요했지 '평상시에는' 필요치 않다는 것이다. 하지만 이러한 주장은 비판받을 여지가 다분하다.

우선, '평상시에는'이란 단어에 논쟁의 여지가 있다. 왜냐하면 교회 안의 모든 것을 트집잡으려는 변화의 정신이 전 세계적으로 위세를 얻고 있는 지금이 과연 '평상시'라고 말할 수 있는지 의문이 들기 때문이다. 둘째로, 우리는 하나님께서 당회를 통해 회중을 모으신다는 사실을 기억해야 한다. 목사 개인이 그 자신의 권위와 주도권으로 회중을 모으는 것이 아니다. 그 책임은 당회에 있다. 당회는 담당 장로와 목사의 악수를 통해 이 책임을 회중 앞에서 생생하게 드러낸다. 즉 예배 시간이 되면 담당 장로가 회중이 보는 앞에서 강단 밑까지 나가 목사와 악수를 하는 것이다. 이처럼 당회원들에게 공동으로 예배를 소집하는 책임이 있다면, 예배 시작 전 그들이 함께 모여 하나님의 도우심과 복을 위해 기도하는 것이 마땅하지 않겠는가?

예배를 잘 준비하는 것

따라서 교회 전체가 예배를 잘, 그리고 시의적절하게 준비해야만 한다. 다시 말해 예배 인도자, 당회, 그리고 회중이 다같이 예배 준비에 참여해야 한다.

나는 동 아시아 지역을 여행하면서 그 곳 사람들이 예배를 진지하게 준비하는 모습을 보고 깜짝 놀란 적이 있다. 그 중 한 가족은 주일 예배 수 시간 전에 함께 모여 성경을 읽고 기도와 찬송을 하기도 했다. 더군다나 그 곳에서 예배에 참석한 사람들은 전체적인 예배의 과정에서 무엇이 일어나고 있는지에 대해 소상하게 알고 있는 것처럼 보였다. 따라서 나는 그들의 모범을 따라 우리 교회에서도 지금 이뤄지고 있는 것보다 더 열심히 예배를 준비할 수 있게 되기를 바란다. 이러한 문제에 대해 더 깊이 고려해 보는 것이 계속되는 개혁을 위한 헌신과 잘 맞아 떨어지는 일이 아니겠는가?

다시 생각하기

1. 중세 사람들은 예배를 위해 어떤 준비를 하였는가?

2. 예배의 '준비일'이란 무엇인가?

3. 회중은 어떻게 예배를 준비해야 하는가?

4. 예배인도자에 대해서는 어떤 점이 요구되는가?

5. 예배에 있어서 '충분한 준비'가 있을 수 있을까?

6. 가정에서 예배의 준비를 어떻게 도울 수 있겠는가?

제4장

예배의 순서

자유와 질서

성경은 우리에게 예배의 모든 요소를 규정하는 고정된 예배 순서를 제공해 주진 않지만, 예배의 기본적인 목적과 양식은 알려 준다.

예배의 양식에 있어서 교회는 어느 정도 자유를 가진다. 이는 우리에게 예배의 순서를 어느 정도 바꿀 수 있는 가능성을 보장해 준다. 하지만 그렇다고 태만이나 혼돈, 혹은 건성으로 예배를 준비해서는 안 된다. 나는 여기서 특별히 바울이 고린도전서 14장에서 언급한 것, 곧 하나님께서 교회를 세우기 위해 사용하시는 은사를 염두해 두고 있다. 바울은 "모든 것을 덕을 세우기 위하여 하라"고 말한다(26절). 우리는 각 사람에게 성령을 나타내시어 유익하게 하시는(고전 12:7) 하나님께서 또한 교회 안의 은사를 사용하시어 모든 성도를 유익하게 하심에 감사해야 한다. 그러므로 우리는 모든 것이 덕을 세울 수 있는 방향으로 이 유익이 실제로 구체화되도록 주의를 기울여야 한다. 이 기준을 잘 적용한다면, 우리는 혼란스러운 예전을 피할 수 있을 것이다.

고린도전서 14장 26절 이하의 구절에서 바울은 무아지경의 혼란 상태를 방지하기 위한 질서와 규칙을 규정해 준 뒤, 다음과 같이 말한다. "하나님은 무질서의 하나님이 아니시요 오직 화평의 하나님이시니라"(33절).

또한 주님께서 말세에 먼저 있어야 할 소요(아카타스타시아, *akatastasia*)에 관해 말씀하신 누가복음 21장 9절에서도 혼란과 무질서에 관해 찾아볼 수 있다. 이 단어는 혀를 '쉬지 않는 악'이라고 말한 야고보서 3장 8절에서는 '쉬지 않는'이라는 의미로 사용되었고, 고린도후서 6장 5절에서는 '난동'이라는 의미로 사용되었다. 훈더르달(G. J. Hoenderdaal)은 그 구절에 대해 다음과 같이 주석한다. "여기에(고전 14:33) 사용된 '무질서'는 라틴어 *dissensio*로 번역되는 단어로서 소란이나 다툼의 의미를 가진다. 따라서 우리는 '무질서'와 '질서'를 비교하는 것이 아니라 '무질서'와 '화평'을 비교하는 것이다."[1]

하지만 화평과 질서를 서로 반대되는 개념으로 이해해선 안 된다. 왜냐하면 고린도전서 14장 40절에서 바울은 "모든 것을 품위 있게 하고 질서 있게 하라"고 말했기 때문이다. 따라서 33절의 무질서는 40절의 질서와 대조된다고 봐야 한다. 이에 대해 포프(F. J. Pop)는 33절과 40절에 관해 다음과 같이 쓰고 있다. "하나님께선 교회에 은사를 주셨지만 신자들 사이에 무질서를 의도하시진 않으셨다. 무질서는 사람 혹은 사물이 하나님께서 주신 위치를 망각할 때 생겨난다. 화평은 그들이 주어진 본성에 따른 위치와 기능을 제 자리에서 감당할 때 유지된다. 하나님께서는 무질서 가운데 계시지 않고 오직 화평 가운데 계신다. 그러므로 그는 그의 회중 가운데서 모든 것이 품위 있고 질서 있게 이뤄지길 바라신다."[2]

40절에 사용된 개념(품위와 질서)은 그 당시의 배경에서 나온 것으로, '품위'(유스케모슈네, *euchèmosunè*)는 고대 세계에서 '순전한 관습' 혹은 '예의범절'을 의미했다. 필로와 플라비우스 요세푸스도 유대인들의 종교 생활을 묘사할 때 동시대 사람이었던 바울과 같이 이러한 개념을 사용했다. 또한 사해 사본에서 발견한 "공동체 규범"(The Rules of the Community)에서도 동일한 개념이 발견된다. "제사장들은 가장 앞 열에 앉고, 장로들은 둘째 열에, 그리고 나머지 사람들도 각각 그들의 지위에 따라 앉는다. 배열법(the taxis)은 인

---

1. *Riskant spel: Liturgie in een geseculariseerde wereld* (The Hague: Boekencentrum, 1977), p.22.
2. *De Prediking van het Nieuwe Testament. De eerste brief van Paulus aan de Corinthiërs* (Nijkerk: Callenbach, 1965), pp.5, 6.

간과 우주 세계의 삶의 모든 분야를 포괄하는 일반적인 질서이다. 그것은 군대의 전투 순서, 달력의 순서, 연설물을 작성하는 규칙, 국가와 우주의 질서, 그리고 또한 모든 예배의 순서를 포함한다. 구약 성서의 헬라어 번역이 이 단어를 인계받았기에 탈무드나 미드라쉬에서도 이 단어는 아주 많이 사용되는 차용어이다."

이러한 역사적 배경을 고려한다면, 고린도전서 14장 40절의 '품위 있게'는 '형식을 잘 갖춰서'(style-full)로 번역할 수 있다. 이는 곧 우리가 하는 일에 있어 격식에 맞게 하라는 의미이다.

회중의 모임에서는 이 품위가 잘 드러나야 한다. 예배는 '형식을 잘 갖춰서' 드려야 한다. 대충대충해서도, 부주의해서도, 무질서해서도 안 된다. 예배에는 형식과 질서, 그리고 화평이 있어야 한다. 이것을 깨닫는다면 자유와 질서는 서로 반대되는 개념이 아니라는 것을 알 수 있을 것이다. 자유 안에서 교회는 예배 질서를 확립해간다. 성경이 예배에 관해 정해준 테두리 안에서 말이다.

예배의 무질서

그렇다면 당시 예배는 무질서했을까? 우리는 바울이 고린도 교회 안에 있는 무질서에 관해 언급한 것과 고린도 교회가 예배 가운데 질서 있게 행하지 못한 것에 대해 애통해 했다는 것을 잘 알고 있다. 화란 개혁교회의 황금기에도 이런 일들이 있었다. 암스테르담에서는 교회의 젊은이들이 항상 여러 가지 게임들로 교회 건물과 마당을 위험하게 만든다는 불평이 있었다. 젊은이들은 교회 건물 안에서 주사위로 도박을 하는가 하면, 관리인은 소나 돼지를 잡았다. 뿐만 아니라 목사가 요리문답 설교를 하는 동안 무덤 파는 사람들로 인해 시끄러워 설교를 못하던 때도 있었다. 비록 이런 무질서의 예들이 모두 과거의 일이긴 하지만, 예배 모범에서 채택한 대로 바른 예배의 순서가 무엇인지는 생각해봐야 한다.

예배의 순서

여기서는 오전, 오후(혹은 두 번째) 예배에 사용할 만한 두 가지 예배 순서를 소개하고자 한다. 이 순서들은 캐나다 개혁교회의 영어 제네바 시편 찬송가인 『찬양의 책』(the Book of Praise) 581-583쪽에서 발췌한 것이다.[3]

<첫 번째 순서: 오전 예배>

1. 하나님을 부름[4]: 시 124:8

2. 하나님의 인사: 고전 1:3 혹은 계 1:4, 5a

3. 회중 찬송

4. 십계명 선포: 출 20:2-17 혹은 신 5:6-21

5. 회중 찬송

6. 성경봉독: 설교에 관련된 1-2구절, 주로 찬송이 바로 이어짐.

---

3. (Winnipeg, Manitoba: Premier Printing Ltd., 1984).

4. 이 용어(*votum*)는 흔히 사용되는 '예배로의 부름'(call to worship)과는 구별된다. '*votum*'이 우리가 하나님을 부르는 것이라면, '예배로의 부름'(미국에서 생긴 용어)은 하나님께서 우리를 예배로 불러 모으시는 것을 뜻하기 때문이다. 따라서 *votum*은 예배로 부르시는 하나님께 대한 응답으로서 우리가 하나님을 부르는 행위라고 할 수 있다(창 4:26). 교회사를 보면 *votum*은 '예배로의 부름'의 한 (개혁주의적) 방법으로 사용되었다. 예배로의 부름에는 *votum*외에도 묵도, 종 사용, 시편 암송 등 다양한 방법이 존재해 왔다-역자 주.

7. (세례)

8. 기도: 죄의 고백, 용서, 회복, 말씀의 조명을 위한 기도, 중보.

9. 헌금

10. 회중 찬송

11. 성경봉독: 설교본문 봉독.

12. 설교: 주로 화답 찬송이 바로 이어짐.

13. 기도: 감사

14. (성찬)

15. 폐회찬송

16. 강복선언(축도): 민 6:24–26 혹은 고후 13:13(가끔씩 성경봉독이 이어지기도 함).

<첫 번째 순서: 오후 예배>

1. 하나님을 부름: 시 124:8

2. 하나님의 인사: 계 1:4, 5a 혹은 고전 1:3 혹은 딤전 1:2

3. 회중 찬송

4. 신앙고백: ① 사도신경 혹은 니케아 신경(필요한 경우 찬송이 이어짐), ② 사도신경이 찬송으로 불려짐(찬송가 1A 혹은 1B).

5. 성경봉독: 설교될 하이델베르크 요리문답과 관련된 성구 1-2구절, 주로 찬송이 바로 뒤따름.

6. (세례)

7. 기도: 중보 및 말씀을 여는 기도.

8. 헌금

9. 회중 찬송

10. 하이델베르크 요리문답 낭독: 해당 '주일'에 맞춰서.

11. 설교: 주로 화답찬송이 바로 이어짐.

12. 기도: 감사.

13. (성찬)

14. 폐회 찬송

15. 강복선언(축도): 고후 13:13 혹은 민 6:24–26(가끔씩 성경봉독이 이어지기도 함).

　* 성찬이 4와 5 사이에 오기도 함.

<두 번째 순서: 오전 예배>

1. 하나님을 부름: 시 124:8

2. 하나님의 인사: 고전 1:3 혹은 딤전 1:2 혹은 계 1:4, 5a

3. 회중 찬송

4. 십계명 선포: 출 20:2–17 혹은 신 5:6–21

5. 회중 찬송

6. 기도: 죄의 고백, 용서, 회복, 말씀의 조명을 위한 기도, 중보.

7. 성경봉독: 설교에 관련된 1-2구절, 주로 찬송이 바로 이어짐.

8. 성경봉독: 설교본문 봉독.

9. 설교

10. 화답찬송

11. (세례)

12. 기도: 감사 및 기독교의 필요를 위한 기도.

13. 헌금

14. (성찬)

15. 폐회 찬송

16. 강복선언(축도): 민 6:24–26 혹은 고후 13:13.

    * 세례가 5와 6 사이에 오기도 함.

<두 번째 순서: 오후 예배>

1. 하나님을 부름: 시 124:8

2. 하나님의 인사: 계 1:4, 5a 혹은 고전 1:3 혹은 딤전 1:2

3. 회중 찬송

4. 기도: 말씀을 열기 위한 기도.

5. 성경봉독: 설교될 하이델베르크 요리문답과 관련된 성구 1-2구절

6. 하이델베르크 요리문답 낭독: 설교될 '주의 날'에 맞춰서.

7. 설교: 주로 화답찬송이 바로 이어짐.

8. 신앙고백: ① 사도신경 혹은 니케아 신경(필요한 경우 찬송이 이어짐), ② 사도신경이 찬송으로 불려짐(찬송가 1A 혹은 1B).

9. (세례)

10. 기도: 감사와 중보.

11. 헌금

12. (성찬)

13. 폐회 찬송

14. 강복선언(축도): 고후 13:13 혹은 민 6:24–26.

    * 세례와 성찬이 2와 3 사이에 오기도 함.

위에 소개된 첫 번째 예배 순서는 1933년 화란 미델뷔르흐(Middel burg) 총회에서 제안한 것이다. 이 예배 순서를 결정하는 과정에서 총회는 비록 확고한 원리적 기초는 없었으나 시간이 지남에 따라 교회 안에서 받아들이게 된 요소들을 인정하게 되었다.

두 번째 예배 순서는 1975년 화란 깜뻔 총회에서 제안한 것이다. 이 예배 순서는 칼뱅의 예배 모범을 최대한 따르기 위한 노력의 결과물로서 총회 위원회의 추천에 따라 채택되었다.

다시 생각하기

1. 본 장에서 말하는 예배의 순서에 우리는 얼마나 익숙한가?

2. '순서'에 대해 우리는 얼마나 자유로울 수 있을까?

3. 과거 우리의 예배에 무질서가 있었는가?

4. 본 장에 나오는 두 가지의 예배순서 사이에는 어떤 차이점이 있는가?

5. '예배순서'를 예배집례자에게 전적으로 위임하는 것이 옳은가?

제 5 장

예배의 시작과 마침

하나님을 부름(*votum*)

어떤 사람들은 예배 시작 전에 드리는 묵도가 예배의 시작을 의미한다고 생각한다. 그러나 엄격히 말하면, 그것은 공예배의 일부라 할 수 없다. 왜냐하면 그것은 가정에서 혼자서, 혹은 가족 단위로 올려 드리는 기도와 별반 다를 게 없기 때문이다. 그런데 오늘날에는 개혁주의 진영 안에 경건주의의 영향으로 이런 개인주의적 요소가 공예배에 침투해 있다. 하지만 언약백성들이 함께 모여 드리는 공예배에서는 그러한 개인주의에 빌미를 제공하지 않는 편이 좋다.

개혁교회에서는 그리스도의 명령에 따라 회중을 예배로 소집하는 일차적인 책임이 당회에 있다. 예배 시작 직전에 장로 중 한 사람이 회중이 보는 앞에서 목사와 악수를 나누는데, 이 악수는 목사가 당회의 지도에 따라 사역하고 있다는 공적인 표시이다. 따라서 이 악수는 결코 불필요한 순서가 아니다. 오히려 이 악수는 예배집전자가 당회의 인준을 받아 예배를 인도할 것임을 가시적으로 보여준다. 예배 직후에도 다시 한 번 악수가 이뤄지는데, 이 악수는 예배집전자의 직무가 당회에 의해 승인되었음을 나타낸다.

'하나님을 부름'(votum)은 예배의 시작을 알리는 요소로서 시편 124편 8절, "우리의 도움은 천지를 지으신 여호와의 이름에 있도다"라는 고백으로 시작한다. 아브라함 카이퍼는 '하나님을 부름'을 신자들의 모임을 공식적으로 선언하는 (의장의) '망치소리' 정도로 여겼지만, 실제로는 그 이상의 의미이다. 그것은 하나님의 도우심을 향한 호소이자 동시에 이후로 오직 그분만을 바라보겠다는 결심의 표현이다.

'하나님을 부름'에 시편 124편 8절을 사용하는 관습은 중세까지 거슬러 올라가는 오랜 역사를 가지고 있다. 취리히 예전(1525)은 예배를 시작할 때 이미 시편 124편 8절을 사용했다. 스트라스부르그 예전(1525)은 "아버지와 아들과 성령의 이름으로"라는 형식으로 예배를 시작했다. 1574년, 돌트 지방회는 "우리의 도움은 여호와의 이름에 있도다"와 같이 고정된 형식으로 예배를 시작하는 것이 바람직하다는 결정을 내렸다.

'시작'(opening)이라는 단어로 라틴어 *votum*을 대체할 수도 있겠지만, 오랜 기간 많은 사람들에게 사용되어 온 단어는 쉽게 대체되지 않는 듯하다. 고전 라틴어에서 '*votum*'은 맹세에 사용된 기도나 기원을 뜻하는 일상적인 용어였다. 하지만 이 용어가 교회에서는 점차 특별한 의미로 구별되어 쓰이기 시작해, 결국 하나님을 향한 고백을 담으면서 동시에 곧 열릴 집회의 시작을 선언하는 용도로 사용되기 시작했다. 여하튼 시편 124편을 마무리하는 이 구절은 예배의 시작을 알리기에 매우 적절한 구절이다. 이 시편은 구원을 베푸신 여호와께 대한 감사로 가득한 시편이다. 그 하나님이 또한 천지를 지으신 전능자로 고백되고 있다.

하나님의 인사(salutation)

예배의 시작 부분에 있는 이 '축복'(祝福, blessing)[1]은 예배의 마지막, 회중이 흩어지기 전에 선포되는 강복선언(benediction)과는 구별되어야 한다. 비록 우리가 하나님의 인사를 종종 축복이라 부르긴 하지만, 사실 그 형식에서 잘 드러나듯이 그것은 말 그대로 인사이다. 물론 이 인사는 하나님 자신에게서 나왔다는 점에서 다른 인사들과 확연히 구별된다. 예배인도자는 그리스도의 위임을 받아 하나님을 대신해서 이 인사를 선포한다.

---

1. 한자는 빌 축(祝)자를 쓰지만, 복의 근원이신 하나님께서 복을 '비는' 분이 아닌 것은 분명하다. 이 책에서 예전적 용어 '축복'은 '복'과 동의어로, '하나님께서 복을 내림'의 의미로 사용되었다-역자 주.

몇몇 사람들은 이 인사에 사용되는 구절들(고전 1:3; 엡 1:2; 갈 1:3 – "하나님 우리 아버지와 주 예수 그리스도로부터 은혜와 평강이 있기를 원하노라")에서 '은혜'는 헬라적 인사를, 그리고 '평강'은 유대인들의 구약적 인사를 나타낸다고 생각하기도 한다. 이러한 인사는 비록 현재 사용되는 형태와 조금 다르긴 하지만, 3세기 히폴리투스에 의해 이미 사용된 것이다. 위에 언급된 구절 이외에도, 하나님의 인사로 사용되는 구절들은 대부분 바울 서신의 서두나 요한계시록 1장 4, 5a절에서 비롯된다.

에베소서 1장 2절이나 고린도전서 1장 3절, 혹은 갈라디아서 1장 3절이 하나님의 인사에 사용될 때(이 세 구절은 본질적으로 같음), 이 성경 구절에 다른 단어를 같다 붙이지 않도록 주의해야 한다. 어떤 이들은 이 인사(우리 하나님 아버지와 주 예수 그리스도로부터 은혜와 평강이 있기를 원하노라)가 성령을 언급하지 않고 있으므로 불완전하다고 생각한다. 그래서 섣불리 '성령의 교제가' 와 같은 말을 추가함으로써 이 구절을 '삼위일체적'으로 만들려고 한다. 하지만 성경에 나오는 '글자 그대로'의 복에 무언가를 덧붙이려는 시도들은 모두 불필요할 뿐만 아니라 부적절하다.

흐레이다누스 교수는 이 인사(갈 1:3)에 관해 다음과 같이 쓴다. "여기서 하나님께서는 그가 하나님이실 뿐만 아니라 모든 신자의 아버지가 되심을 보여주신다. 권능과 영광으로 충만하신, 사랑과 호의로 가득 찬 자비로우신 아버지 말이다. 우리가 이 인사를 들을 때, 우리는 거룩하신 삼위 하나님의 첫 번째 위격만 생각하지 말고, 삼위에 공통으로 해당하는 신적 본질에 주목해야 한다." 흐레이다누스는 이에 대한 근거로 마태복음 6장 9절과 고린도전서 15장 28절을 든다.

또한 이 인사에 주 예수 그리스도가 추가로 언급된 것에 관해 흐레이다누스는 다음과 같이 설명한다. "각 이름들이 함의하고 나머지 구절이 분명히 설명하는 바, 우리 주님께서는 여기에 영원하신 하나님의 아들로서만 언급된 것이 아니다. 그는 인간의 본성을 입으시고 우리를 위해 자신을 죽기까지 내어주신, 그리하여 모든 이름 위에 뛰어난 이름을 얻으신, 하나님과 사람 사이의 중보자로 언급되고 계신 것이다."[2]

하나님의 인사로 고린도전서 1장 3절 외에 다른 성경 구절을 사용할 수도 있다. 예를 들면, 디모데전서 1장 2절과 같은 구절도 가능하다. "하나님 아버지와 그리스도 예수 우리 주께로부터 은혜와 긍휼과 평강이 네게 있을지어다." 이 인사는 은혜와 평강 뿐만 아니라 '긍휼'도 언급한다. 바우마(C. Bouma) 박사는 이 긍휼을 "비참함 가운데 있는 자들을 도우시는 하나님의 사랑"으로 정의했다.[3] 디모데전서에서 가져 온 이 인사는 고린도전서 1장 3절의 인사와 매우 유사하다.

어떤 목회자들은 요한계시록 1장 4–5절의 인사를 사용하기도 한다. "이제도 계시고 전에도 계셨고 장차 오실 이와 그의 보좌 앞에 있는 일곱 영과 또 충성된 증인으로 죽은 자들 가운데에서 먼저 나시고 땅의 임금들의 머리가 되신 예수 그리스도로 말미암아 은혜와

---

2. *Korte Verklaring, Galaten* (Kampen: Kok, 1938), p. 21.
3. *Korte Verklaring, 1 Tim. etc*. (Kampen: Kok, 1937), p. 38.

평강이 너희에게 있기를 원하노라." 흐레이다누스 교수는 이 인사에 대해 다음과 같이 명쾌하게 설명한다.

> "하나님께서는 본성 가운데 숨겨진 존재가 아닌 '이제도 계시고 전에도 계셨고 장차 오실 이'로서 세상과 시간을 초월해 계시는 전능하신 분으로 자신을 계시하신다. 인간사에 무슨 일이 일어나고 세상이 얼마나 변하든 간에 항상 동일하신 분으로 말이다. 이와 연관해 성령께서는 세상 가운데, 특별히 주의 교회 가운데 드러나는 하나님의 사역의 충만함으로 그려진다. 또한 아들께서는 하나님과 사람 사이의 중보자로, 사람의 본성을 지니신 분으로, 그의 백성들을 위해 영원한 의를 가져오신 분으로, 하나님의 오른손에 의해 높이 올려져, 전 우주를 다스리시는 분으로 등장한다. 성령께서 제3위이심에도 두 번째로 언급되는 것은 여기서 송영이 그리스도의 이름으로 올려지는 것과 관계가 있다."[4]

흐레이다누스는 이 구절에 관해 몇 개의 다른 설명을 추가하긴 했지만, 그것들은 그다지 중요한 것으로 보이지 않는다. 하지만 이 평화의 인사가 그의 백성을 향한 하나님의 호의적 태도와 언약 당사자 간의 순전한 관계를 잘 나타내고 있음은 분명한 사실이다. 그 관계는 아버지와 중보자 예수 그리스도와 성령의 사역으로 말미암는다. 따라서 예배의 초반에 예배인도자가 회중에게 건네는 말(하나님의 인사)을 '평화의 인사'라 부르고, '축복'(blessing)이란 표현은

---

4. *Korte Verklaring, Openbaring* (Kampen: Kok, n.d.), p.28.

예배 후반(강복선언)을 위해 남겨두는 것이 좋겠다. 이렇게 함으로써 구약의 예배와 연결점을 찾을 수도 있다. 제사장이 분향할 때, 그는 성소에서 나와 성막뜰에 모여있던 사람들에게로 가서 손을 쭉 펼치고 그들을 축복했다. 그 때 사용한 말씀이 일반적으로 구약의 축복 혹은 아론의 축복이라 불리는 민수기 6장 24–26절 말씀이다.

구약의 사람들은 하나님으로부터 오는 그 삼중적 복을 받고 집으로 돌아갔다. 그 축복에는 보호에 대한 약속이 담겨 있었다. "여호와는 네게 복을 주시고 너를 지키시기를 원하노라." 또한 그 축복에는 자비에 대한 약속도 담겨 있었다. "여호와는 그의 얼굴을 네게 비추사 은혜 베푸시기를 원하노라." 하나님은 죄를 용서하시는 자비로운 하나님으로서 그의 백성들을 친근하게 바라보신다. 또한 하나님은 복 가운데 교제를 약속하신다. "여호와는 그 얼굴을 네게로 향하여 드사 평강 주시기를 원하노라." 하나님은 그 눈을 우리를 향해 고정시키시고 그와의 교제 안에 있는 평강을 우리에게 주신다.

가끔가다 이 대제사장적 축복을 기원문이 아닌 직설법으로(여호와께서 당신께 복을 주시고 당신을 지키십니다 등) 바꾸는 목회자들이 있는데, 이는 바람직하지 못한 것이다. 가능하면 우리는 교회에서 공식적으로 받아들인 번역을 고수해야 한다.

이 삼중적 축복에서 우리는 하나님 아버지의 보호하심과, 중보자 예수 그리스도의 속죄하심과, 성령의 교제하심이 비춰지는 것을 볼 수 있다. 물론 개혁주의 예전은 신약성경도 근거로 삼는다. 교회에 전해진 바울 서신들의 끝 부분에는 강복선언에 사용될 만한 구절들이 많이 발견된다. 이 형식들은 민수기 6장의 강복선언과 완벽히 병

행하는 것들이다.

특히 바울 사도는 고린도 교회에 보낸 두번째 편지를 다음과 같이 마무리 짓는다. "주 예수 그리스도의 은혜와 하나님의 사랑과 성령의 교제가 너희 무리와 함께 있을지어다." 여기서 바울은 고린도 교회의 성도에게 다음과 같은 삼중적 축복을 약속하고 있는 것이다. ① 자격 없는 우리들을 하나님과 화해시킨 주 예수 그리스도의 은혜, ② 우리를 향한 호의와 아들을 세상에 보내신 행위를 포함하는 하나님의 사랑, ③ 우리를 그리스도와의 사귐 안에 거하게 하시고, 그로부터 흘러나오는 유익에 참여케 하시는 성령의 교제.

강복선언으로 고린도후서 13장 13절의 '사도적 축복'과 민수기 6장의 '대제사장적 축복'을 교차적으로 사용하는 것이 좋다. 하나님은 이 축복들을 사용하시어 그의 언약백성들에게 평강을 약속해 주시길 원하신다. 또한 하나님은 그의 종인 목사의 입을 통해서 그의 백성들을 향해 복을 내려 주신다. 그러면 사람들은 예배를 마치고 굳건한 심령으로 집으로 돌아갈 수 있다. 왜냐하면 그들은 하나님의 약속을 복음의 강설을 통해서도 들었지만, 또한 그것을 강복선언으로 마음 판에 새겼기 때문이다. 이처럼 언약의 백성들은 예배를 마칠 때 하나님께서 호의 가운데 그들과 함께 하신다는 것을 확신하게 된다.

예배에 사용되는 동작에 있어서도 예배 초반부의 '평화의 인사'와 예배 끝의 '강복선언'을 구분하는 것이 좋다. 하나님의 인사에서는 한 손을 들지만 강복선언에서는 목사가 회중에게 상징적으로 손을 얹는다는 의미로 두 손을 드는 것도 하나의 방법이 되겠다.

하나님의 인사나 복을 받을 때, 몇몇 예배자들은 으레 눈을 감는 경향이 있지만 이 때는 눈을 감지 아니하고 뜨는 것이 좋다. 왜냐하면 이 순서는 하나님으로부터 내려오는 말씀을 듣는 것이지, 우리의 기도를 올려드리는 순서가 아니기 때문이다.

그렇다고 해서 '하나님을 부름'(votum) 순서에서조차 반드시 눈을 뜨고 있어야 하는 것은 아니다. 왜냐하면 '하나님을 부름'은 우리의 도움이 여호와께로부터 온다는 고백이기 때문이다. 하지만 말씀을 받는 순서인 '하나님의 인사'나 '강복 선언'에서는 눈을 뜨는 것이 좋다. 또한 이 때 예배자들은 가급적 일어서 있는 것이 좋다. (이것은 하나님과 그의 백성들의 만남을 특징짓는 예식의 일부이다.)

오직 목사만 할 수 있는가?

예배 초반부에 있는 하나님의 인사나 예배를 마치는 강복선언은 오직 말씀의 종인 목사만 선포할 수 있을까? 이 질문은 조심스럽게 고려해봐야 한다. 아직 목사 안수를 받지 못한 목사 후보생이나 신학생[5] 혹은 당회로부터 임명된 (설교를 대독하는) 장로는 이 역할을 할 수 없을까?

이 문제에 관해 단도직입적으로 말하자면, 예배의 마지막에 그의 백성들에게 주시는 복은 사람이 아닌 오직 여호와 하나님께 달려 있는 것이다. 따라서 만일 당회가 목사가 아닌 사람에게 예배를 인도할 권한을 주었다면, 그 사람이 하나님의 복 또한 대신 선언할 수

---

5. 신학생들은 시찰회의 지도하에 예배에서 '신앙적 권면'(edifying word)을 할 수 있다. (캐나다 개혁교회 교회질서 8조와 21조 참조).

있는 것이다! 하나님의 인사와 복의 선언은 의심의 여지 없이 말씀의 선포와 밀접한 관련이 있기 때문에, 말씀의 선포자가 인사와 복도 선언할 수 있는 것이다. 이러한 문제는 좀 더 심사숙고해 볼 필요가 있다.

다시 생각하기

1. 소위 '묵도'는 예배에서 어느 자리에 와야 하는가?

2. '하나님을 부름'(*votum*)이란 무엇인가?

3. '하나님의 인사'와 '강복선언'(축도)은 어떻게 다른가?

4. 하나님의 인사(평화의 인사)에 사용되는 성경구절에는 어떤 것들이 있는가?

5. 강복선언에 사용되는 성경구절 두 가지에는 어떤 것들이 있는가?

6. 본래 강복선언은 누가 하는 것인가?

7. 말씀 봉사와 강복선언 사이의 관계는 무엇인가?

제6장

성경봉독과 봉독자

예배시작 전 성경봉독

얼마 전 까지만 해도 예배는 성경봉독자가 회중 앞에 섰을 때 비로소 시작되었다. 심지어 봉독자는 예배가 공식적으로 시작되기 전에 앞으로 나오기도 했다. 예를 들면, 스코틀랜드에서는 봉독자가 "이제 예배를 위해 우리 마음을 하나님께 집중하며 다음 시편을 부릅시다." 라고 말하는 것이 하나의 관례였다.

봉독자에게 맡겨진 이 역할은 4세기부터 있었던 것으로 보인다. 그 때는 회중이 예배 인도자를 기다리면서 스스로 찬양을 부르곤 했다. '입당송'(Introitus, 최초의 찬송)은 그 때까지만 해도 실제 예배 순서와 별개로 존재했다. 90여년 전 민넨(A. H. van Minnen)목사는 다음과 같이 썼다. "또한 흔한 광경은 봉독자가 처음 불려질 시편 찬송을 알려줌으로써 예배를 시작하는 것이다."[1] 이러한 사실이 보여주는 것은 입당송이 점차 본격적인 예배 순서 안으로 들어왔다는 것이다. 첫 번째 시편 찬송이 불려지고 나서 말씀의 사역자가 '하나님을 부름'과 '하나님의 인사'를 선포했다. 하지만 이러한 관습은 오늘날에는 거의 찾아볼 수가 없다. 실제로 율법서나 성경의 다른 부분을 장로가 읽는 관습은 다른 개혁교단은 몰라도 화란개혁교회(해방파)에서는 더 이상 흔한 광경이 아니다. 물론 장로가 설교를 대독(代讀)하며 전체 예배를 인도하는 경우는 예외로 하고 말이다.

사라지고 있는 관례?

오늘날 많은 개혁교인들에게 예배를 위한 성경봉독자가 따로 있어야 하는지는 더 이상 관심거리가 아니다. 역사가 오랜 교회 건물에서는 이 봉독자용 독서대가 치워지고 있고, 새로운 건물에서는 이 독서대가 더 이상 설치되지 않고 있다. 이러한 관행이 점차 역사의 뒤안길로 사라져 가는 듯하다. 사람들은 더 이상 장로 중 한 사람이 나와서 성경을 읽어야 한다고 여기지 않는 것 같다. 그들은 예배를 인도하는 목사가 이 일을 대신하거나 혹은 더 잘 할 수 있다고

---

1. *De Gereformeerde Eeredienst* (Gravenzande: Van Deventer, 1908), p. 9.

주장한다. 하지만 이 관행을 지속하고 있는 교회들의 주장에도 귀 기울일 필요가 있다. 물론 역사의 증언도 들어봐야 한다. 오늘날 성경봉독자를 두는 교회들의 주도 하에 이 논의들은 최근에 다시 주목을 받기 시작했다.

우선 장로와 집사에 의해

역사적 자료를 살펴보면, 고대교회는 회당 예배로부터 성경의 일부를 읽는 관습을 받아들였음을 알 수 있다. 이 관습은 먼저 율법서(토라)를 읽고, 그 다음 선지서를 읽는 것이었다. 이렇게 말씀을 읽은 후 바로 설교가 이어졌는데, 이러한 순서는 누가복음 4장 16-27절이나 사도행전 13장 14-41절에서 확인할 수 있다.

예수님께서 이러한 회당 예배의 관례를 따르셨고, 사도 바울도 선교 여행 중 이 관습대로 말씀을 강론했다. 초기의 기독교회에서는 이렇게 성경을 읽는 순서가 장로나 집사에 의해 행해졌다. 고대 교회의 예배는 흔히 두 세 명이 같이 인도했다. 즉 성경을 읽는 사람이 따로 있었고, 그것을 강론하는 사람이 따로 있었다. 하지만 그렇다 하더라도 성경을 읽는 사람은 직분자(장로나 집사)로 한정되어 있었다. 그는 예배인도자와 나란히 보조를 맞추는 역할을 했다.

봉독직

3세기에는 예배의 체계 안에 '봉독직'(lectorate)이라 불리는 새로운 역할이 등장했다. 그리고 얼마 안 가 이 봉독직을 맡은 사람과 예배인도자 사이에 뚜렷한 구분이 생기기 시작했다. 전자는 봉독자

(라틴어 *lector*, 헬라어 *anaginooskon* 혹은 *anaginoostes*)라 불리게 되었고, 후자는 장로(*presbuteros*)나 감독(*episkopos*), 혹은 의장(*proestoos*)으로 알려지게 되었다. 봉독직은 예배에 한 부분을 담당하는 직위이자 성직의 한 계층으로 굳어졌고, 점차 더 '높은' 직위를 열망하는 젊은이들을 위한 직책이 되었다. 맹렬한 반(反) 기독교 정책을 펼친 로마 황제이자 배교자인 율리아누스(331-363)도 젊은 시절에 봉독직을 받았다고 한다. 그 때 그의 나이는 약 20세에 불과했다.

유스티니아누스 황제(482-565)는 소년들이 18세가 되기 전에는 봉독직을 받아서는 안 된다는 칙령을 내리기도 했다. 알렉산드리아에서는 이 직책을 위해 후보자들이 먼저 세례를 받아야 했다. 당시에는 세례가 종종 연기되었고, 사람들은 가능한 한 늦게 세례를 받으려는 경향이 있었다. 세례를 통해 죄를 씻는다고 여겼던 당시 사람들은 세례를 너무 일찍 받는 것을 꺼려했다. 이는 일생에 한 번뿐인 세례를 받기 전, 추가적인 죄를 지을 수 있는 여지를 열어두기 위함이었다.

알렉산드리아 교회에서는 순교자들을 기리는 축제일에 봉독직을 받은 자가 순교자들의 삶과 고난의 이야기를 회중 앞에서 읽는 관례가 있었다. 이렇게 예배 때 성경이나 순교자의 글을 크게 읽는 임무 외에 봉독직은 성경책을 조심스럽게 보관하는 책임도 맡았다. 이 일은 박해의 기간에는 결코 쉬운 일이 아니었다. 이러한 봉독직의 직책이 얼마나 중요하게 다뤄졌는지는 398년 톨레도 공의회의 결정을 봐도 잘 알 수 있다. 그 결정은 허물이 드러나 징계를 받았어도 죄를 고백하면 봉독직을 계속 수행할 수는 있으나, 예배 시 복음서나 사도들의 글을 읽을 수는 없다는 것이었다.

종교개혁과 성경봉독의 회복

종교개혁의 시기에 '봉독직'(*lector*)은 여전히 로마 가톨릭 교회 안에서 특정 업무를 담당하는 직책을 나타내는 용어로 쓰이고 있었다. 또한 이 용어는 대학에서 강의(lecture, 같은 라틴어 어근을 가짐)하는 사람을 지칭하는 용어로 발전하기도 했다.

종교개혁은 이 '봉독자'의 역할을 인정했다. 봉독자는 예배가 시작되기 전에 성경구절을 회중을 향해 크게 봉독하는 역할을 맡았다. 〈베젤의 규례〉(Articles of Wesel, 1568)는 다음과 같이 적고 있다. "설교 말씀이 시작되기 전, 잡담으로 사람들의 마음이 분산되는 것은 하나님의 말씀에 대한 모욕이다. 따라서 장로나 집사, 혹은 이 일을 위해 특별히 임명된 한 사람이 성경을 한 두장 읽고, 또한 관례를 따라 시편 찬송을 인도하는 것이 필요할 것이다"(29조). 또한 30조에서는 다음 내용을 추가하고 있다. "하지만 봉독자는 자신이 성경 말씀을 가르치려 들지 않도록 특별히 주의해야 한다. 선불리 해당 구절에 설명을 추가함으로써 다른 사람의 추수밭에서 낫을 휘두르거나 부적절한 해석으로 교회에 혼란을 가져오지 않도록 해야 한다."

따라서 종교개혁은 초대교회의 관습과 맥락을 같이 한다. 비록 예배의 시작 전에 이루어지긴 했지만, 장로나 집사에 의한 성경봉독이 부활한 것이다.

4세기 전

설교말씀이 선포되기 직전에 성경을 봉독한 관례는 약 4세기 전 화란에서 널리 받아들여졌다. 처음에 이것은 성찬이 있는 주일에만 행해졌다. 하지만 1585년, 돌트(Dordrecht)의 한 교회가 설교 전에 성경봉독 순서를 매 주일 가지기 시작했다. 이에 대해 스코틀(G. D. J. Schotel)은 다음과 같이 적고 있다. "이 교회에서 성경봉독을 맡았던 장로는 병원비를 면제받았다. 1619년에는 당회 구성원이 아닌 일반 성도가 이 직책을 맡을 수도 있었다. 당회는 이 봉독자(reader) 후보를 심사하고 참사회원(alderman)에게 이름을 알려 공식적인 임명 절차를 밟았다. 임명된 봉독자는 추가적으로 병자를 간호하는 사람들이나 아이들이 요리문답 외우는 것을 관장하던 자들을 감독하기도 했다. 이 일을 위해 그들은 25길더의 급료를 받았고, 그들의 연간 봉급은 175길더에 달했다."

봉독자(reader)가 장로나 집사의 직분을 가지는 것이 필수적이었을까? 알크마르 교회가 제기한 이 문제를 놓고 1606년 하를렘에서 북홀란드 대회가 열렸다. 당시 이 대회의 대답은 다음과 같았다. "알크마르 교회가 제기한 이 질문, 곧 당회 구성원이 아닌 자가 봉독자나 선창자(voorzanger)[2]로 봉사할 수 있느냐의 문제에 관해서 대회는 봉독자나 선창자가 당회의 구성원이어야 함을 천명한다."

---

2. 당시의 예배당에는 오르간이 없는 경우가 많았다. 설령 있다 하더라도, 회중 찬송 시 오르간 반주를 경계하는 분위기 때문에 사용되지 않았다(이 문제에 관해서는 13장 참조). 심지어 스코틀랜드에는 아직까지도 오르간을 사용하지 않는 칼뱅주의 교회가 있다. 화란 개혁교회에서 오르간이 사용되기 전에는, '선창자'(영어의 cantor와는 약간 의미가 다르다)가 힘 있는 목소리로 회중 찬송을 인도했다. 어떤 경우에는 목사 자신이 이 역할을 해야할 때가 있었지만, 목사가 그 역할을 원치 않을 경우엔 회중 가운데 한 사람이 선창자로 섬겨야 했다.

1620년 휘스(Goes)에서 열린 제일란트(Zeeland) 대회는 "봉독자와 선창자의 임명에 관한 책임은 해당 당회에 있다."고 밝혔다. 이 결정은 그들의 직무가 예전적인 특성을 가진다는 것에 근거했다. 또한 대회는 다음과 같은 사항을 덧붙였다. "만일 한 사람이 이 두 직무를 겸해야 할 경우, 당회는 목사를 청빙할 때와 같은 수순을 밟아야 한다." 이러한 결정으로 미루어 보아 한 사람이 봉독자와 선창자를 겸하기도 했음을 알 수 있다. 많은 경우 그는 장로 중 한 사람이면서 동시에 (교회의 아이들이 다니는) 학교의 교사였다.

연설장(auditorium)이 아닌 만남의 장소

아브라함 카이퍼는 그의 저서 『우리의 예배』(*Onze Eeredienst*)에서 이 '봉독자'의 기능을 회복해야 한다고 역설한다. 그는 성경봉독이 예배 시작 전의 한 순서에 그치는게 아니라 당당히 예배의 한 요소가 되어야 한다고 주장한다. 그는 역사의 증언을 중요한 근거로 삼는다. "고대 이래로 예배의 직무는 두 세 사람이 공동으로 맡아왔다." 카이퍼는 교회 안에서 이러한 분담이 거의 이뤄지지 않고 있을 인정하지만, 동시에 그 분담이 아예 사라진 것은 아니라고 지적한다. "목사가 궁극적인 담당자(*factotum*)라는 점은 이론의 여지가 없지만, 그가 다른 사람에게 양보해야 할 일도 있다. 집사는 헌금을 담당하고, 선창자는 성경봉독을 담당한다."

나아가 카이퍼는 다음과 같이 주장한다. "한 사람에게 모든 것을 맡기는 것은 위험하다. 더군다나 우리가 그렇게 할 때, 예배가 하나님과 우리의 만남이라는 사실이 잊혀지는 경향이 있다." 그는 계속해서 다음과 같이 주장한다. "또한 이렇게 될 때, 사람들은 그들이 목사 한 사람을 위해 예배의 자리에 있다고 생각할 수 있다. 그가 무슨 말을 하는지 듣기 위해서 말이다. 그리고 예배의 다른 요소들은 필요하다면 생략되어도 상관없는 부록에 지나지 않게 된다. 그렇게 된다면 우리는 만남의 장소가 아니라 (공중 연설이 행해지고 있는) 연설장에 와 있는 것이다. 이는 예배를 감독해야 하는 당회에도 중요한 문제가 된다. 당회는 구성원 중 한 명만이 주인공이고 나머지는 조연이라는 인상을 회중에게 줘서는 안 된다."

카이퍼는 봉독자가 선창자와 함께 활발한 역할을 하는 가능성에 대해 좀 더 고민해 보기를 요구한다. 좀 더 구체적으로 말하자면 그는 다음과 같이 세 가지를 요청하고 있는 것이다. 첫째, 왜 고대교회의 예배가 우리의 예배와 달랐는지, 그리고 왜 외국의 교회들 대부분이 우리와 다른 관행을 가지고 있는지 자문해야 한다. 둘째, 왜 우리의 예배가 이렇게 단조로워졌는지 고민해봐야 한다. 그리고 셋째, 이 문제에 관해 의견 일치를 이루어 더 순전하고 바람직한 관행을 예배에 정착시켜야 한다.

찬성과 반대

카이퍼 이후, 예배에 봉독자를 두는 문제에 관해 활발한 논의가 오가진 않았다. 카이퍼의 연구는 1차 세계대전 이전의 것이었다. 2차 세계대전 이후 봉독자가 예배에서 거의 사라질 때 즈음, 데이크 박사(K. Dijk)는 그의 책 『장로를 위한 핸드북』(*Handboek voor de ouderling*)³에서 봉독자를 아예 없애 버리자고 주장했다. 데이크는 역사적 고려를 논의에 포함시키진 않았다. 그가 봉독자를 없애자고 주장한 주된 이유는 다음과 같다. "예배는 두 종료의 행위–하나님의 말씀과 회중의 반응–를 수반한다. 하나님과 회중은 하나님의 집에서 만난다. 예배를 인도하는 말씀의 사역자는 이 두 당사자 간의 중개자 역할을 한다. 여기에 봉독자가 끼어들 틈은 없다." 그런데 이 논증은 반박의 여지가 있다. 왜냐하면 오래전 주교가 교회와 관련된 모든 문제를 자신의 주관 아래에 둘 때에도 동일한 이유를 들었기 때문이다. 주교는 유일한 중개자(interpreter)였고, 로마 교회는 원맨쇼가 되었다.

카이퍼는 교회 관리인(custodian)이 예배의 질서를 유지하기 위해 특정한 역할을 맡는다고 지적했다.⁴ 헌금은 집사에 의해 거둬진다. 오르간 반주자는 (이전에 선창자가 하던 역할을 이어받아) 회중의 찬송을 돕는다. 카이퍼에 따르면, 이러한 역할 분담은 환영할 만한 것이다. 그래도 데이크 박사는 한 가지 현실적인 고려를 언급했다. 그에 따르면 봉독자가 말씀을 얼마나 유창하게 읽느냐에 따라 세 가지 가능성이 존재한다. 만일 봉독자가 목사보다 성경을 유창하게 봉독하지 못한다면, 그의 역할은 당연히 그보다 나은 목사에게 양보해야 한다. 만일 봉독자와 목사가 동등하게 성경을 잘 읽는다면, 봉독자를 목사와 나란히 둘 필요가 없다. 그리고 만일 봉독자

---

3. (Delft, Van Keulen, 1952), pp. 117–121.
4. 네덜란드에서는 관리인이 북아메리카의 좌석 안내원(usher)역할도 한다. 관리인은 사람들이 예배당의 자리를 찾아 앉는 것을 도와주고 모든 것을 '품위 있고 질서 있게'(고전 14:40) 하기 위해 힘쓴다.

가 목사보다 성경을 유창하게 읽는다면, 그 때에는 봉독자가 우쭐해지고 목사가 이를 시샘할 수 있는 가능성이 있다. 이것을 막기 위해서라도 목사 자신이 성경을 읽어야 한다. 곧 어느 경우의 수를 따져 보더라도 현실적으로는 봉독자를 둘 필요가 없다는 논리이다.

하지만 이것은 합당한 논리가 아니다. 우쭐대는 것과 시샘하는 것은 악한 자에게서 나오는 것이기에 예전을 논하는 자리에서 그 근거로 사용될 수는 없다. 그럼에도 불구하고 우리에게 성경을 유창하게 읽는 많은 형제 자매들이 있다는 사실은 다행이다. 우리 가운데 이 '읽기의 직무'를 잘 해낼 수 있는 장로가 얼마나 많은지 한번 생각해 보라.

무엇이든 형편없이 행해지는 것은 늘 반대를 불러온다. 성경봉독도 마찬가지이다. 그러나 우리는 분명하고, 이해하기 쉬우며, 잘 이루어진 성경봉독의 유익을 생각해서 이것을 예배의 일부로 사수하는데 힘을 기울여야 한다. 한편 다음과 같은 데이크 박사의 주장에도 귀 기울일 필요는 있다. 곧 설령 예배에 봉독자를 둔다 하더라도, 그의 역할을 구별된 직분(office)으로 이해해서는 안 된다는 것이다. 그의 말대로 "성경에도, 신앙고백에도, 또한 교회법에도" 그러한 직분은 찾아볼 수 없기 때문이다.

성경봉독자의 준비

데이크 박사는 다음과 같이 쓰고 있다. "여호와 하나님께 드리는 예배는 최대한 아름답고 질서 있게 행해져야 한다. 그것은 하나님의 말씀을 어설프게 읽는 행위로 방해되어서는 안 된다." 물론 이것은 맞는 말이다. 하지만 이것이 목사 외에 다른 사람을 성경봉독자로 세울 수 없다는 것을 증명하지는 않는다.

장로 중 한 사람이 성경봉독을 한다면, 그는 당연이 이 직무를 위해 잘 준비해야 할 것이다. 그 준비는 성경구절을 또박또박 읽기 위한 연습도 포함한다. 종종 성도들이 봉독된 성경말씀을 통해서도 설교 메시지를 반추할 수 있었다고 고백하는 것을 듣게 된다. 그들은 또한 성경을 읽은 장로가 그의 봉사를 위해 열심히 준비했다는 것을 느낄 수 있었다고 말한다. 이러한 준비는 성경봉독자에게만 해당되는 것이 아니다. 회중도 예배를 위해 준비되어 있어야 한다. 또한 오르간 반주자 역시 잘 준비되어 있어야 한다. 오르간 반주자는 예배 때 불려질 찬송에 관해, 설교의 주제에 관해, 그리고 성례나 특별한 행사에 관해 사전에 통보받아야 한다.

데이크 박사와 같은 현실적 반대는 성경봉독자가 어떤 본문을 읽을지 미리 통보받는다는 전제가 뒷받침된다면 자연스럽게 사그라질 것이다. 이러한 정보가 봉독자에게 예배 직전에 주어지는 일은 없어야 할 것이다.

회중이 올려드리는 하나님의 말씀?

데이크 박사가 봉독자를 따로 두는 것을 반대한 한 가지의 이유가 더 있다. "이 관례를 지지하는 자들은 말씀의 사역자가 예배의 모든 것을 인도하는 것이 아니라 회중에게 '말할' 기회가 주어진다는 점을 내세운다." 데이크는 성경봉독이 봉독자가 '회중의 이름으로' 말씀을 올려드리는(⇑) 것이 아니라 하나님의 말씀이 회중에 내려오는(⇓) 것이라는 점을 분명히 한다. 더군다나 그는 회중이 이미 예배에서 충분한 역할을 하고 있다고 생각한다.

여기서 '회중의 이름으로'라는 표현이 무엇을 의미하는지에 대해 논박하고 싶지는 않다. 왜냐하면 그것은 이 논의에 있어 부차적인 문제일 뿐이기 때문이다. 물론 성경봉독 순서가 회중에게서 하나님께로 올라가는(⇑) 순서가 아닌 것은 분명하다. 다만 여기서 관심사는 예배 때 성경을 크게 봉독하는 것이 말씀의 사역자에게만 주어진 특권인가 하는 것이다.

고대교회라면 이 질문에 대해 단언코 아니라고 대답할 것이다. 말씀의 봉독은 하나님과 그의 백성 사이에 중개자 역할을 하는 한 목사에게만 맡겨진 것이 아니었다. 이런 점에서 종교개혁은 의도적으로 고대교회의 관습으로 돌아갔다. 즉 초기의 교회와 개혁된 교회는 예배 시 성경을 크게 봉독하는 역할을 장로나 집사에게 맡겼던 것이다. 이렇듯 봉독자가 반드시 직분자여야 할 필요는 없다. 일반 성도도 충분히 이 역할을 감당해낼 수 있다.

나는 이 문제에 있어 나의 아버지 P. 데던스 박사와 수 많은 이야기들을 나눴다. 성경봉독자를 따로 두는 것에 대해 열렬히 찬성했던 아버지는 하나님께서 회중에게 그의 말씀을 맡기셨다는 말의 의미를 되새겨 봐야 한다고 주장하시곤 했다. 이런 점에서 아버지는 예배 시에 말씀봉독자를 따로 세우는 것에 큰 의미를 두셨다.

내 생각도 마찬가지이다. 예배의 다른 모든 요소들과 마찬가지로 성경봉독 또한 세심한 준비가 필요하다는 전제 하에, 나는 목사 외의 봉독자를 따로 두는 것이 좋다고 생각한다. 그리고 이 관례가 사라진 교회에서도 다시 봉독직이 회복되어야 한다고 생각한다. 이 점에 관해서 카이퍼의 말을 되새길 필요가 있겠다. "적절한 준비를 한 장로 중의 한 사람이 이 역할을 할 수 없으리라 생각할 이유가 전혀 없다. 하지만 이 '적절한 준비'에 강조점이 주어져야 한다. 예배의 어떤 순서든지 잘 진행하려면 연습과 준비가 필요하기 때문이다. 누구든지 그가 가지고 있는 직분이 이 준비를 불필요하게 만든다고 생각하는 사람이 있다면, 그는 착각에서 깨어나야 한다."

이론에서 실천으로

이 문제를 실천으로 옮기는 것은 특별한 주의를 요한다. 교회가 이 문제에 관해 한 관례로 통일되지 않았기 때문이다. 그렇다면 우리의 예배에서 봉독자들이 제 기능을 수행하기 위해서는 현실적으로 어떤 방안이 필요할까?

우선 봉독자는 목사의 요청에 의해 회중 앞으로 나오는 것이 아니라 당회의 승인에 의해 나온다는 사실을 알아야만 합니다. 이를 위해 필요하다면 당회의 이름으로 광고도 할 수 있을 것이다. 또한 이렇게 세워진 봉독자는 예배 중에 어떤 시편 찬송이나 찬양을 부를지 회중에게 미리 알려주는 역할을 할 수도 있을 것이다. 어떤 교회에서는 말씀봉독 전에 봉독자가 '조명을 위한 기도'를 한다고 한다. 이렇게 한다면 봉독자의 역할이 보다 더 분명해질 것이다.

예배집전자(liturge)는 오직 말씀의 사역자인 목사의 역할이라고 생각하는 것은 잘못이다. 누구든지 예배에서 제 역할을 한다면 모두 예배집전자이다. 한 사람이 다른 사람보다 더 큰 역할을 할 수는 있지만, 그렇다고 적은 역할을 맡은 사람이 예배집전자가 아닌 것은 아니다.

결론적으로 목사가 성경봉독을 맡고 있는 오늘날 대부분의 교회들에서 성경봉독자의 역할이 추가되기를 바란다. 설령 담임목사의 부재로 인해 장로가 타 교회의 설교를 대독(代讀)하는 예배에서라도, 설교를 대독하는 장로 외에 봉독자를 따로 두는 것이 좋다. (이렇게 예배를 진행하는 교회들이 꽤 있다.) 설교를 대독하는 장로가 설교를 읽으며 예배의 대부분을 담당하는 와중에도 한 사람을 따로 세워 봉독자의 역할을 하게 하는 것이다. 이러한 방식이라면 예배가 원맨쇼라는 인상이 어느 정도 사라질 수 있을 것이다.[5]

---

5. 성경봉독자에 관한 좀 더 자세한 논의를 위해서는 나의 책 *Fulfil Your Ministry* (Winnipeg: Premier Publishing, 1990), pp. 85–95를 참고하기 바란다.

다시 생각하기

1. 교회 초창기의 예배는 어떻게 시작했는가?

2. '성경봉독자'는 초창기에 어떤 직무를 하는 사람이었는가?

3. 종교개혁 당시의 성경봉독자는 어떤 사람이었는가?

4. 성경봉독자는 항상 직분자가 되어야 하는가?

5. 성경봉독자가 사라진 이유가 무엇일까?

6. 성경봉독직은 회복할 만한 것인가?

7. 어떻게 하면 성경봉독직이 가장 잘 기능할 수 있겠는가?

제7장

십계명 선포와 신앙고백

오전 예배와 오후 예배

입당송(*Introitus*) 다음에 출애굽기 20장의 십계명이 선포되는 것은 개혁교회의 역사에서 확고히 정착된 관례이다. 오후 예배의 경우에는 십계명 대신 사도신경이 낭독(암송, 혹은 노래)된다. 오전 예배의 십계명이나 오후 예배의 사도신경 후에는 두 번째 시편 찬송이 이어진다. 이는 1933년 미델뷔르흐(Middelburg) 총회가 추천한 예배순서이다. 성경봉독과 관련해서는 두 가지 선택 사항이 있다. 곧 목사에 의해 행해지거나 아니면 봉독자에 의해 행해지는 것이다 (6장 참조).

출애굽기 20장 1-17절(혹은 신명기 5장 6-21절)의 십계명 선포 후에는 지역 교회의 자유로운 선택에 따라 여러 가지 순서를 취할 수 있다. 그리스도께서 마태복음 22장 37-40절에서 선언하신 율법의 요약을 추가할 수도 있고[1], 혹은 십계명의 말씀이 적용된 찬송을 부를 수도 있다. (미델뷔르흐 총회에서는 몇 개의 예를 제시했는데, 시편 130편 2절, 시편 143편 2절, 혹은 각운이 추가된 십계명 찬송 9절, 혹은 각운이 추가된 주기도문 찬송 6절 같은 것들이다.)

미델뷔르흐 총회는 오후(두 번째) 예배를 위한 제언도 다음과 같이 내놓았다. "교회는 신앙고백 후 관련된 찬송을 자유롭게 선택할 수 있다. 이를테면 시편 48편 6절, 시편 64편 10절, 혹은 오후 예배 찬송(Avondlied)의 마지막절 같은 찬송들이다."[2] 오전 예배의 십계명 선포와 오후 예배의 신앙고백(주로 사도신경) 암송은 예배 순서상 유사한 위치(첫 번째 시편 찬송 바로 뒤에)에 놓인다. 4장에 소개된 두 번째 오후 예배 순서에서 신앙고백이 설교 뒤에 오는 것은 예외적인 경우이다.

---

1. 이 율법의 요약을 추가하는 것에 대한 반대 의견도 있다. H. J. Schilder, *Het Kerkschip biedt behouden vaart* (Kampen: Van den Berg, 1981), pp. 267-272; G. van Rongen, *Met al de heiligen. Liturgie in de Hemel en op aarde III*, (Barneveld: De Vuurbaak, 1990), p. 28. 판 롱언의 책은 이 요약이 율법의 해석이지, 하나님의 언약을 추가로 세우는 절차가 아님을 밝히고 있다.
2. 이 시편 찬송 목록은 화란 개혁교회의 찬송에 국한된다. 영어를 사용하는 개혁교회의 찬송가와 일치하지 않을 수 있다.

엉터리 예배 모범

(화란 개혁교회 안의) 몇몇 교회의 책에서 "화란 개혁교회의 예전"이라 쓰여진 예배 모범(Order of the service)을 발견하게 되는 경우가 있다. 하지만 그 순서를 자세히 들여다 보면, 그것이 1933년 미델뷔르흐 총회나 1975년 깜뻔 총회의 결정 사항을 전혀 따르지 않는다는 것을 알 수 있다. 예를 들면, 그 예배 모범은 십계명 선포 이후에 '죄를 고백하는 찬송을 부르길' 제안하면서 6가지 찬송을 추천하고 있다. 하지만 그 중 두 곡은 완전한 곡이 아닌 (시편의) 시구 일부분이다. 또한 시편 25편 3a절과 5b절은 어색하게 조합되어 있고, 시편 130편 2a절은 바른 음표로 끝나지도 않는다.

은혜의 선포

4장에 제시된 두 가지 오전 예배의 모범은 사죄의 선포를 별도로 포함하지 않는다. 칼뱅 역시 그의 1542년 예배 모범에서 사죄의 선포를 포함하지 않았다.[3] 하지만 런던의 난민 교회 목회자였던 미크론(Martin Micron)의 『기독교 교회 정치』(Christian Ordinaces, 1554년)에서는 죄를 '매는' 선언과 '푸는' 선언을 찾아볼 수 있다. 죄를 푸는 선언은 다음과 같다. "하나님의 말씀으로부터, 영원히 복된 그리스도의 이름으로, 나는 귀하의 죄가 하늘에서 용서되었음을 선언하노라. 아멘." 반면 죄를 매는 선언은 이렇다. "하나님의 말씀으로부터, 나는 귀하의 죄가 하늘에 매였고, 회개하기 전까지는 결코 풀리지 않을 것임을 선언하노라."

---

3. *Fulfil Your Ministry*, 79쪽, "A Missing Link in the Reformed Liturgy" 참고.

또한 팔츠 교회 정치(1563)에서도 비슷한 선언을 발견할 수 있다. 다테누스 역시 1566년 교회 헌법에서 미크론과 팔츠의 전통을 따른다. 비록 그가 특정한 사죄 선언을 포함시키진 않았지만 말이다. 그런데 1581년 미델뷔르흐 총회는 다음과 같이 결정했다. "말씀의 선포에 이미 죄를 매고 푸는 역할이 포함되어 있기에 이를 위한 별도의 선언은 필요치 않다." 이는 총회에 제기된 질문이 "설교 후에 사죄를 선언하는 것이 필요한가?"였기 때문에 충분히 납득이 가는 결정이었다. 하지만 칼뱅은 이 사죄 선언을 예배의 앞 부분에 (죄의 고백 다음으로) 두고자 했다. 그는 예배에서 사죄 선언의 요소가 결코 소홀히 여겨져서는 안 된다고 강력히 주장했다.[4]

십계명 선포는 더 이상 필요없다?

최근에는 십계명 대신 신약에서 취한 다른 구절을 사용해야 한다는 주장도 있다. 예를 들면, 퐁크(C. Vonk) 목사는 다음과 같이 주장한다. "십계명 선포로 인해 회중은 부지불식 간에 시내산 언약이 아직도 유효하다는 인상을 받게 된다."[5] 곧 십계명은 더 이상 유효하지 않은 호렙(시내)산 언약에 속하므로 신약의 예배에서 사용될 수 없다는 주장이다. 하지만 신약에서도 십계명은 여전히 유효하다. 왜냐하면 그것은 하나님께서 우리에게 베푸신 언약 관계 전체에 있어 특별한 의미를 지니기 때문이다. 구약의 다른 율법들과 다르게 십계명은 하나님에 의해 친히 언약의 두 돌판에 쓰여졌고, 언약궤 안

---

4. *Fulfil Your Ministry*, pp. 71–85 참고.

5. *De Voorzeide Leer*, Ia(Barendrecht, 1960), p. 313.

에 보관되었다. 그래서 칼뱅은 십계명을 하나님께서 모든 시대, 모든 장소의 인류가 그의 뜻을 따라 살도록 규정하신 '의의 최종적 기준'이라고 말했다. 하나님을 만나는 언약의 회중은 늘 이 언약법이 크게 읽혀지는 것을 들어야 한다. 따라서 매 주일 예배에서 십계명을 읽을 필요가 있는 것이다.

또한 이 법은 하나님의 말씀이다. 그것은 회중의 반응이 아니라 여호와께서 그의 백성에게 내려 주시는 것(∥)에 속한다. 따라서 예배에서 십계명을 읽는 것은 하나님의 말씀을 받는다는 의미에서도 소중한 것이다. 이 순서를 통해 율법은 우리의 비참함을 깨닫게 하고, 또한 우리의 감사를 표현하는 원칙이 된다. 이러한 율법의 두 가지 기능 중 어느 하나만을 선택하려는 태도를 취하지 말고 두 가지 기능 모두 우리의 삶에 유효하고 중요하다는 점을 기억해야 할 것이다. 실제로 이 두 가지 기능 사이에는 상호작용이 있다. 판 롱언(G. van Rongen) 목사는 그것을 '순환 작용'(circular movement)이라 부른다.[6]

십계명 선포와 신앙고백의 연관성?

1933년 미델뷔르흐 총회와 1975년 깜뻔 총회가 추천한 예배 순서에 따르면, 오전 예배의 십계명 선포와 오후(두 번째) 예배의 신앙고백 사이에는 유사점이 있다. 곧 둘 다 첫 번째 찬송 다음에 위치한다는 것이다. 하지만 우리는 이 둘이 전혀 다른 성질을 가지고 있음을 알아야 한다.

---

6. *Zijn schone dienst* (Goes: Oosterbaan & Le Cointre, 1956), p. 57.

십계명은 순전한 하나님의 말씀으로, 여호와께서 그의 백성의 삶의 규범으로 주신 것이다. 하지만 신앙고백은 그렇지 않다. 원래 신앙고백은 한 개인에게서, 특히 그가 세례를 받을 때 만들어진 것이다. 수세자는 세례를 받기 전, 그가 믿는 바에 대해 조목조목 대답하고, 또한 믿는 바 전체를 입으로 고백해야 했다. 4세기 중후반 예루살렘 교회에서 이 암송은 성찬을 앞둔 부활 주일 전날에 이루어졌다. 그 후 이 고백은 '사도신경'(Credo)으로 정착되어 로마 가톨릭 교회의 미사에서 두 가지 역할을 담당하게 되었다. 곧 선포된 말씀에 대한 반응이자 동시에 성찬의 관문이었다.

사도신경이 오전 예배에 오게 된다면, 오전 예배가 너무 많은 것을 요구하는 것이 될 수 있다. 따라서 그것을 오후 예배 혹은 두 번째 예배에 두는 것이 적절해 보인다. 한편 신앙고백은 주의 만찬을 준비하는 전 단계로 사용될 수 있다. (현재 많은 교회에서 그렇게 하고 있다.) 하지만 오늘날의 신앙고백은 회중 전체가 하나되어 고백할 때의 그 풍성함을 온전히 담아내지 못하고 있는 듯한 느낌이 든다. 신조를 단체로 암송할 때, 사람들은 단어들을 분명히 내뱉지 않고 얼버무리는 경향이 있다. 가장 좋은 형식은 노래로 된 (하지만 각운은 들어있지 않은) 사도신경을 온 회중이 함께 부르는 것이다.

예배 인도자가 신앙고백을 낭독할 때에는 사도신경과 니케아신경을 번갈아 가며 사용하는 것이 바람직하다. 특히 성찬이 오전 예배 때 거행되는 주일이라면, 오전에 성찬을 위해 사도신경을 낭독하고, 오후에는 니케아신경을 고백하는 것이 좋다. 혹은 이 경우, 회중이 니케아신경을 노래로 부르는 것도 한 방법이다.

이 모든 과정에서 회중은 신앙고백이 하나님의 말씀에 대한 반응이라는 사실을 항상 기억해야 한다. 그리고 언제든지 기꺼이, 신실하게 이 고백을 올려드릴 준비가 되어 있어야 한다. 특히 예배인도자가 많은 사람을 대표해 신앙고백을 낭독할 때는 더욱 그러하다.

다시 생각하기

1. 별도의 사죄(은혜)의 선포가 필요한가?

2. 예배에서 십계명 선포를 하지 않는 것이 정당한가?

3. 예배 순서에서 십계명 선포와 신앙고백이 순서상 같은 위치에 오는 것이 옳은가?

4. 예배에서 본래 신앙고백은 누가 하는 것인가?

5. 예배 순서상 신앙고백의 바람직한 자리는 어디인가?

6. 신앙고백은 회중 전체가 하는 것인가?

제8장

설교의 영광스러움

예배의 중심

설교는 그것을 선행하는 성경봉독과 함께 개혁주의 예배의 중심을 차지한다. 설교는 구약 때부터 있었다. 구약에서 설교는 제사장들이 백성들에게 준 권면이나 선지자들이 여호와의 이름으로 선포한 말씀의 형태로 주어졌다. 포로기 이후의 유대인들은 회당에 정기적으로 모여서 율법과 선지자의 말씀이 크게 읽혀지고 설명되는 것을 들었다. 당시에는 성경봉독과 봉독된 말씀에 대한 설명이 따로 떨어져 있지 않고 하나로 이어져 있었다.

주님께서는 모든 도시와 마을을 두루 다니시며 천국 복음을 전파하셨고(마 9:35), 사도행전 20장에 언급된 초대교회의 모임은 사도 바울의 설교로 시작되었다. 그리고 바울은 디모데에게 분명하게 명했다. "너는 말씀을 전파하라 때를 얻든지 못 얻든지 항상 힘쓰라 범사에 오래 참음과 가르침으로 경책하며 경계하며 권하라"(딤후 4:2; 또한 히 1:1; 벧전 1:25; 엡 4:11-12; 롬 10:17 참고). 초기 기독교 시대에서도 비슷한 양식이 계속되었다. 교리와 가르침과 말씀 선포는 영광스럽게 여겨졌다. 우선 말씀이 읽혀졌고, 그에 대한 설명이 이어졌다.

설교의 쇠퇴

2장의 "간추린 예배의 역사"에서 살펴본 것처럼, 설교의 영광은 세기가 지나면서 점점 쇠퇴했다. 특히 4세기에 많은 것들이 변했다. 예배는 성례화되었고, 설교는 점점 더 줄어들었다. 민넨(A. H. Minnen)은 이렇게 말한다. "그 무렵에 이미 예배의 다른 요소들에 비해 설교가 얼마나 중요한 위치를 차지하는지에 대해 상반된 의견이 존재했다. 몇몇 사람들은 설교를 부차적인 것으로 생각했다. 왜냐하면 그들은 성직자가 행하는 눈에 보이는 것들만이 예배의 진정한 요소라 생각했기 때문이다. 이러한 관례가 이어져 오늘날 로마 가톨릭 교회에서는 설교가 여전히 부차적인 위치를 차지한다."[1]

---

1. *De Gereformeerde Eeredienst*, p. 27.

중세의 말엽

중세의 몇몇 신자들은 설교가 사라져가는 것을 걱정스러운 눈빛으로 바라봤다. 그들은 예전에서 사용되는 라틴어를 알아 들을 수 없음과, 사제들이 그것을 작은 소리로 속삭이는 것에 대해 불만을 드러냈다. 이러한 불만들이 더해져 '성찬이 생략된 예배'(*prone* 혹은 *pronaus*)라 불리는 것들이 생겨나기도 했다. [원래 이것은 성단소(chancel)와 같이 제단의 앞 부분을 가로막는 '칸막이'를 뜻하는 용어였다.] 그러다가 점차 *prone* 혹은 *pronaus*는 미사는 없고 말씀의 강설만 있는 예배에서 행해지는 설교를 의미하는 용어로 굳어졌다. 그것은 "기도, 죄의 일반적인 고백과 사죄 선포, 광고를 포함할 뿐만 아니라 신조와 주기도문, 그리고 십계명에 대한 교육과 훈계도 포함했다."[2]

칼뱅의 예전은(4장에 소개된 <두 번째 순서>참고) 이 '성찬이 생략된 예배'의 순서를 많이 참고했다. 물론 설교에 대한 칼뱅의 통찰은 이보다 훨씬 풍부하고 깊었다. 하지만 중세의 암흑기에도 주님께서는 이 특별한 '설교 중심의 예배'로 예배의 개혁을 준비시켰다는 사실을 기억해야 할 것이다.

종교개혁과 설교의 회복

종교개혁자들은 – 우선은 루터, 그리고 칼뱅은 한 걸음 더 나아가 – 예배에서 설교의 중심되는 위치를 회복시킨 사람들이다. 루터는 설교를 기독교인의 예배에서 가장 중요하고 위대한 부분이라고 이

---

2. O. Hardman, *A History of Christian Worship* (London, 1948), pp. 104ff.

름하였다. 아주 특별한 방식으로 복음 선포를 통해 구원이 베풀어지고 그리스도의 은혜가 나눠진다. 그런 의미에서 설교는 구속사적 사건이라 할 수 있다. 루터에 따르면, 모든 예배에 있어 가장 중요한 일은 하나님의 말씀이 그 뜻대로 일하도록 하는 것이다. 하나님의 말씀이 선포되지 않는다면, 찬양과 말씀봉독도 없는 것이 낫다 – 아마 신자들의 모임 자체가 무의미할지도 모르겠다.

칼뱅에 있어서 하나님의 말씀이 중요한 이유는 그것이 처음부터 끝까지 그리스도를 향하고 있기 때문이다. 예배의 모든 것이 오직 그리스도만 향한다 – 예배는 그리스도와의 교제이고, 그가 인류를 위해 얻으신 구원의 결과이며, 그리고 이와 결코 분리될 수 없는 바 그 구원에 대한 우리의 감사를 돌려드리는 행위이다.

설교는 하나님의 말씀의 선포이다. 따라서 설교 때 말씀 외의 다른 것을 선포해서는 안 된다. 왜냐하면 칼뱅에 따르면, 말씀만이 천국을 여는 열쇠이기 때문이다. 말씀 설교의 목적은 우리가 어떤 하나님을 섬기고 있고, 그 하나님께서 우리에게 요구하시는 바가 무엇인지를 바로 알게 함으로써 우리를 천국으로 인도하는데 있다. 말씀은 우리가 떠돌이처럼 방황하지 않도록 진리로 인도하는 가장 확실한 길이다.

말씀은 선과 악을 구별하고 하나님을 바로 섬기도록 가르치는 유일한 준거이다. 또한 우리의 앞길을 인도하는 빛이자 이 세상의 어둠을 밝히는 등불로서 (무지하고 눈 먼 자들과는 달리) 우리가 매순간 장애물에 걸려 넘어지지 않도록 도와준다. 매 주일 예배에서 선포되는 하나님의 말씀은 모든 지혜의 보고이다. 그 지혜는 인간의 가장 뛰어난 이해를 넘어서고, 천사들에게조차 경탄을 불러 일으킨다. 또한 말씀이라는 거울을 통해 우리는 하나님의 얼굴을 바라보고, 하나님께 명예와 영광을 돌려드리는 삶을 살도록 변화된다.

하나님의 말씀은 하나님께서 그의 백성을 통치하시는 권능의 홀이자, 그가 우리의 목자가 되심을 보이시기 위해 주신 목자의 지팡이다. 그것은 또한 하나님께서 우리와 체결하신 언약의 문서이다. 하나님께서는 이 언약을 통해 영원히 우리에게 은혜로우신 하나님이 되시겠다는 의무를 기꺼이 지신다.

이 제네바의 개혁자에게 있어 말씀은 하나님의 호의의 증거로서 우리의 양심에 안식을 주는 것이다. 그것은 우리 영혼을 영원히 살찌우는 유일한 음식이다. 요약하자면, 오직 말씀으로서 우리는 이교도나 불신자와 구별된다. 우리의 신앙은 하나님의 무오한 진리에 기초하는 반면, 다른 이들은 신뢰할 수 없는 의견에 쉽게 휩쓸리거나 혹은 진리에 맞서 완고하게 스스로의 마음을 굳게 한다.

이러한 것들을 이해한다면, 왜 설교가 예배의 중심을 차지하는지 알게 된다. 설교는 하나님의 말씀이 우리에게 와서 우리를 섬기는 하나의 사건이다. 한편 성경은 설교의 유일한 원천이자 내용이다. 또한 성경은 설교의 주된 비판자이기도 하다. 칼뱅은 말씀의 봉사자들이 자신의 의견을 전파시키기 위한 수단으로 설교를 남용해서는 안 된다고 지속적으로 경고했다. 그들은 성경을 통해 하나님께서 그의 회중에게 말씀하시는 것만 충실하게 전달해야 한다.

성경의 모든 부분은 그리스도에 관련되어 있기 때문에, 모든 설교 역시 그리스도를 향해야 한다. 구약 설교에 있어서도 그리스도는 성경의 목표이자 지향하는 관점, 그리고 지배적 정신이다. 설교는 사람의 입을 통해 오늘날의 언어로 주어지지만, 설교의 권능은 성령 하나님에게서 비롯된다. 따라서 설교를 통해 촉발된 모든 영광은 성령께 돌려져야 한다. 말씀과 성령은 결코 분리될 수 없다. 말씀과 성령을 분리해서 이해하는 순간, 모든 종류의 어리석음과 거짓에 문을 열어주는 것이 된다.

따라서 칼뱅에게 설교는 우리가 그리스도 안의 구원에 참여하는 유일한 수단이다. 제네바의 개혁자는 이와 같은 설교의 주된 기능으로 반복적으로 돌아온다. 그는 말씀이 설교되는 순간마다 천국의 문이 열린다고 한다. 설교의 분명한 본질이자 참된 역할은 구원을 가져다 주는 것이다. 따라서 설교는 분명해야 하고, 중언부언하는 것이 되어서는 안 된다. 말씀은 사람들에게 이해될 수 있게 선포되어야 한다. 하나님의 회중은 그들이 어디에 서있고, 또 무엇을 해야하는지 들어야 한다. 중요한 것은 하나님께서 회중에게 전해주시고자 하는 진리가 명료하게 전달되는 것이다.

또한 칼뱅은 설교의 두 번째 역할, 소위 (알곡과 가라지를 거르는) '키'(sifting)의 역할에 대해서도 강조한다. 『기독교강요』에서 그는 예레미야의 부르심이 '파괴하기도 하고 건설하기도 하는' 말씀의 선포를 위한 것이라고 언급한 후 다음과 같이 말한다.

> 그러나 이사야의 예언이 더욱 더 분명하게 이 점을 드러내 준다. 주께서는 그를 보내시며 이렇게 선언하시는 것이다. "가서 이 백성에게 이르기를 너희가 듣기는 들어도 깨닫지 못할 것이요 보기

는 보아도 알지 못하리라 하여 이 백성의 마음을 둔하게 하며 그들의 귀가 막히고 그들의 눈이 감기게 하라 염려하건대 그들이 눈으로 보고 귀로 듣고 마음으로 깨닫고 다시 돌아와 고침을 받을까 하노라(사 6:9-10; 참조. 마 13:14-15; 막 4:12; 눅 8:10; 요 12:40; 행 28:26-27; 롬 11:8). 주께서는 백성들에게 그의 음성을 들려 주시지만 오히려 그로 말미암아 그들이 더욱 더 귀머거리가 되게 하시며, 불빛을 밝히시지만 오히려 그 백성이 더욱 더 소경의 상태에 빠지게 하시며, 가르침을 주시지만 오히려 그 백성이 그로 인하여 더욱 더 우둔하게 되게 하시며, 치료약을 쓰시지만 오히려 그 백성이 나음을 입지 못하게 하시는 것이다. 요한 역시 이 예언을 적용하면서 말하기를, 하나님의 저주가 그들 위에 임하여 있기 때문에 유대인들이 그리스도의 가르침을 믿을 수가 없었다고 했다(요 12:39).[3]

칼뱅은 바울이 로마서 1장 16절에서 말한 것처럼, 설교가 구원을 주시는 하나님의 능력이 됨을 강조했다. 그것이 복음, 곧 좋은 소식의 첫 번째 기능이다. 하지만 우리는 복음의 설교가 정죄(condemning)와 같은 치명적인 역할도 할 수 있음을 잊어서는 안 된다. 구마즈(L. Goumaz)는 칼뱅의 신약주석을 요약한 그의 책에서 이 부분을 교회의 직분에 적용시켰다. 특히 직분의 "이중적 권위"에 관한 장(chapter)에서 그는 다음과 같이 썼다.

---

3. *Institutes* (Battles translation), III, 24, 13. 우리말 번역은 존 칼빈, 『기독교강요 최종판(중)』, 원광연 역(경기: 크리스찬 다이제스트, 2006), 591에서 가져옴.

그리스도께서는 우리에게 그의 소유된 백성은 복음이 약속하는 은혜에 기대도 좋다는 확신을 주신다. 그 확신은 너무나 강렬해 마치 "그리스도께서 우리 각자에게 이것을 증언하시기 위해 하늘에서 내려오셨다."고 생각해도 될 정도이다. 하지만 주께서는 동시에 마음이 완악하게 굳어진 죄인들을 향하여 말씀 사역자와 그가 선포한 사죄 선언을 멸시한 죄에 대한 대가를 분명히 치르게 될 것이라 위협하신다. 목사는 연약한 인간이자 '세상에 속한 그릇'이다. 때로는 이러한 약점때문에 목사의 설교에 지속적으로 의문을 제기할 수도 있다. 하지만 그리스도께서는 당신의 이름을 걸고 보장하신다. 이 연약한 인간의 입에서 나온 사죄의 선포를 확신 가운데 받아들이는 자들에게 사죄가 실제로 이루어진 반면, 은혜의 약속을 거부하는 악한 자들에게는 하나님의 심판이 이미 임했다고 말이다.[4]

칼뱅은 교회 안의 불신자나 위선자에 대해 매우 부정적인 입장이었다. "동일한 설교를 백 명이 듣는다고 치자. 그 가운데서 이십 명은 신앙의 순종으로 그것을 감사하게 받을 것이다. 하지만 나머지는 그것을 무가치하게 여겨 웃거나 야유하거나 혹은 경멸할 것이다."

---

4. *Timothée* (Lausanne: La Concorde, 1948)를 저자가 독일어로 번역한 *Het ambt bij Calvijn* (Franeker: Wever, 1964), p. 164.

퇴보

초대교회의 아름다운 출발에 이어 퇴보의 시기가 뒤따랐던 것처럼, 16세기의 종교개혁 이후에도 설교가 힘을 잃은 시기가 있었다. 16세기에는 종교개혁으로 말미암아 네덜란드 개혁교회의 설교에서도 칼뱅의 강력한 영향력이 드러났다. 하지만 시간이 지나면서 설교가 힘을 잃기 시작하더니 18세기에 그 저점을 찍었다. 18세기의 설교는 사람들이 자신의 생각을 분명히 하거나 그들의 개인적 생각에 힘을 싣기 위한 도구에 지나지 않았다.

1729년, 설교자들에 대한 불평은 이미 일어나고 있었다. 그 불평에 따르면, 설교자들의 "자랑을 일삼는 언설과 과장된 방식으로 인해 모든 경건하고 지각있는 성도는 설교단에서 행해지는 이 쓸모없는 연설보다 더 무시무시한 것이 없음"을 잘 알았다. 설교의 명확성에도 문제가 많았다. "열심이 없고 제멋대로인 구성과 외래어의 남발, 지식을 과시하는 프랑스 연설자들의 모방, 우스꽝스러운 몸짓, 의미 없고 허공을 헤매는 단어" 등은 회중이 이해하기 어려운 것들이었다. 가장 심각한 것은, 당시 사람들이 들어야 했던 설교가 "성경에 입각한 하나님의 말씀이 아니라 듣는 자의 생각에 맞춰진 훈화(訓話)"에 그쳤다는 것이다. 남은 것은 "매마르고, 차갑고 장황한 연설"뿐이었다.

설교의 길이 또한 문제였다. 두 세 시간을 훌쩍 넘기는 예배가 흔했다. 17세기에는 이 문제로 인해 설교단에 모래시계가 놓여지기도 했는데, 이유는 처벌을 면하기 위함이었다. "(교회당 안에 시계가 없는 상황에서) 설교는 정해진 시간 안에 끝나야 한다. 만일 그렇지 않으면 합당한 처벌이 뒤따를 것이다." 하지만 몇몇 설교자들은 지정된 시간을 넘을 것 같으면 모래 시계를 슬쩍 뒤집고 설교를 이어가곤 했다. 특히 18세기 화란에서 설교의 길이는 상상을 초월했다. 따라서 암스테르담 참사회는 다음과 같은 결정을 내릴 수밖에 없었다. 곧 어떤 설교자든 강복선언을 정해진 시간 안에 하지 않았다면 5.5스타이버의 벌금을(1스타이버는 노동자의 일당에 해당된다), 만일 지정된 시간에 설교자가 감사기도 중이었다면 1길더의 벌금을, 아직도 설교를 다 마치지 못했다면 2길더의 벌금을 내도록 한 것이었다.[5]

설교 시간 이외에 또 다른 문제는 설교가 알아듣기 어려웠다는 것이다. 라틴어가 꽤나 자주 사용되었고, 때로는 설교 본문 전체가 성경원어(히브리어와 헬라어)로 읽혀지기도 했다. 1791년 출판된 비평문에서 판 하멜스벨트(Y. van Hamelsveld)는 이 시기의 설교에 대해 풍자했는데,[6] 곧 설교는 전혀 쓸데없는 서론으로 시작했기에 많은 사람들이 특히 오후예배 때에는 눈을 뜨고 있을 수가 없었다는 것이었다.

설교의 내용에도 문제가 있었다. 본문은 가장 작은 단위, 심지어 그보다도 더 작은 소단위로 분류되었으며, 각 단위는 장황한 동서고금의 지혜로 설명되었다. 어떤 경우에는 설교가 교리적 논의로 이어져, 한 가지의 바른 입장과 그와 다른 모든 종류의 이단

---

5. R. B. Evenhuis, *Ook dat was Amsterdam*, Ⅳ (Baarn: Ten Have, 1974), p. 78.
6. *De zedelijke toestand der Nederlandsche natie, op het einde der achttiende eeuw* (Amsterdam : J. Allart, 1791)

들 혹은 반대되는 의견들을 비교하기도 했다. 또 때로는 설교가 모든 종류의 수사법을 동원해 만든 도덕적 메시지로 채워질 때도 있었다. 그래서 설교 중에 회중의 다수는 달콤한 휴식에 젖어든 채 (집사에 의해) 헌금 수거함에 놓여진 벨이 울리기 전까지 깨지 않기도 했다. 그들이 깼을 때는 메시지를 적용하는 시간이라 그때부터라도 설교를 집중해서 들으려고 노력했다. 어느 정도 보편성을 유지한다는 전제 하에, 삶에 대한 적용은 엄하게 하고 불신자들에 대한 묘사는 사악하게 하는 것이 좋게 여겨졌다. 그렇게 여러 맥락으로 짜여진 긴 설교가 끝나고 나면 예배는 서둘러 마쳐야만 했다. 그때쯤이면 참사회에 의해 규정된 제한 시간이 거의 임박했기 때문이다.

 이 시기에 쓰여진 "지루한 설교에 관한 편지"에는 설교가 사람들을 너무 지치게 해서 그들이 다른 생각을 하거나 잠을 자는 것을 멈추게 할 수 없다고 불평한다. 설교를 마치는 '아멘' 소리는 이 고역으로부터의 해방을 의미했다. 그것은 마치 바다를 여행하는 사람이 오랜 기다림 끝에 육지를 발견하는 것과 같은 기쁨이었다. 사람들이 예배에 대해 가졌던 나쁜 태도와 많은 이들이 예배에 불참한 이유에 대해 이 편지의 작성자는 여러 가지를 지적하는데, 그 중에는 같은 주제의 끝없는 반복, 누구나 알 수 있는 것에 대해 제시하는 수많은 증거들, 그리고 특히 목사들이 지루하게 설명하는 석의 방법 등이 있다.

영광의 회복

16세기의 종교개혁을 통해 영광을 회복한 설교는 이와 같은 퇴보의 시기를 지나 다시 한 번 그 영광을 회복했다. 또 다시 교회의 개혁은 설교의 개혁으로부터 출발했다. 이것은 사람의 말이 하나님의 말씀보다 더 권위를 가졌던 '계몽주의'의 시기에도 가능했다.

오늘날 교회에서 설교는 얼마나 큰 영광을 차지하고 있을까? 지금은 자유주의가 활개치는 때이다. 회중이 충분히 '성숙하기 때문에', 회개의 복음이 더 이상 필요없다는 주장이 일어나고 있다. 하나님의 말씀은 너무나 많이 설교되어 이제 속이 빈 껍데기만 남은 듯 여겨지기도 한다. 더군다나 성경구절들은 사람들의 마음에 특정 사상이나 정치적 슬로건을 심어놓기 위해 악용되고 있다. 이러한 시기에 설교가 여전히 영광스럽게 여겨지고 하나님의 말씀으로 받아들여진다는 것은 그 사실만으로 감사해야 할 일이다. 또한 성례가 아직도 은혜를 가져다주는 하나님의 방편으로 시행된다면 그것은 매우 다행스러운 일이다. 이런 때일수록 우리는 요한계시록 3장 11절의 말씀을 기억해야 할 것이다. "네가 가진 것을 굳게 잡으라." 바르게 선포되는 설교를 경험하는 것은 회중에게나 신적 복음의 선포자에게나 매우 흥분되는 일이다. 이 설교 사건을 통해 성령께서 그리스도의 회중 가운데 일하시기 때문이다.

다시 생각하기

1. 성경은 설교의 중요성에 대해 어떻게 말하고 있는가?

2. 설교는 교회 역사에서 어떻게 전개되었는가?

3. 중세 시대의 설교는 어떠했는가?

4. 루터는 설교에 대해 어떤 이름을 붙였는가?

5. 칼뱅은 설교에 대해 어떻게 말하였는가?

6. 17-18세기의 설교는 어떻게 퇴보했는가?

7. 설교에서 영광의 회복이 어떻게 이루어졌는가?

8. 설교의 길이가 설교의 지위에 어떤 영향을 끼칠 수 있는가?

제9장

성례

거룩한 세례

16세기의 종교개혁은 성례와 설교를 최대한 가깝게 연결시켰다. 로마교에서는 성례가 예배의 전부였다 해도 과언이 아니다. 심지어 성례가 예배 밖에서까지 행해지기도 했다. 이에 반해 종교개혁은 성례의 시행이 예배 밖에서, 그리고 말씀의 선포 없이 일어나지 못하도록 했다.

캐나다 개혁교회의 교회질서 56조 또한 언약의 인(印)인 세례가 '공적 예배' 안에서만 행해지도록 규정하고 있다. 이러한 규칙의 배경으로 우리는 유럽의 오래된 교회 건물에는 '세례당'(洗禮堂, baptism chapel, 혹은 baptisterium)이라 불리는 독립된 건물이 주 예배당에 붙어 있었음을 기억해야 할 것이다(세례당은 주로 현관 근처에 북쪽에 위치해 있었다). 세례당은 원래 하나의 독립된 교회로 시작해서 본 교회와는 구분된 역할을 담당했다. 화란의 역사상 민족교회(*volkskerk*)에서는 "세례당에 오는 모든 자에게 세례를 주어라!"라는 표현이 사용되기도 했다.

개혁주의 예배에서는 세례가 예배의 한 요소를 차지한다. 이 문제와 관련해 하이델베르크 요리문답이 4계명과 관련해 무엇이라 고백하는지 생각해 보라. "(하나님께서 원하시는 것은) 내가 하나님의 교회에 부지런히 참석하여 하나님의 말씀을 경청하고 성례에 참여하며…" 세례의 위치는 말씀과 성례의 관계에서 결정된다(이는 성찬에도 동일하게 해당된다).

개혁주의 예전에서 별개의 세례당이나 세례 예배가 따로 존재하지 않는 것은 성례가 혼자서는 제 역할을 할 수 없기 때문이다. 말씀이 없는 세례와 성찬은 아무 것도 아니다. "우리는 은혜로우신 하나님께서 … 복음의 말씀에 이것들(성례전)을 덧붙이셔서 그가 그의 말씀 안에서 우리에게 선언하시는 것과, 또한 우리의 마음 안에서 내적으로 역사하시는 것 둘 다 우리의 외적 감각에 더 잘 제시되도록 하셨다는 것을 믿는다"(벨직 신앙고백 33장). 하이델베르크 요리문답은 성례가 하나님께서 제정하신 것으로 성례가 시행될 때, "복음 약속을 우리에게 훨씬 더 충만하게 선언하고 확증하십니다."(25주일)라고 고백한다. 칼뱅이 말한 바와 같이 성례는 하나님의 말씀을 분명히 보여준다.

우리는 성례에는 반드시 그 앞에 선행하는 약속이 있으며, 성례가 일종의 부록처럼 거기에 붙어 있어서 약속 그 자체를 확인하고 인치며, 그리하여 그 약속을 더욱 분명하게 해 주고 어떤 의미에서 그것을 확증하는 역할을 한다는 것을 깨닫게 된다. 하나님께서는 이 성례를 통하여 우리의 무지와 우둔함을 채워 주시고, 또한 우리의 연약함을 채워 주신다. 그러나 엄밀히 말하면, 성례가 주의 거룩하신 말씀을 확증한다기보다는 그 말씀을 믿는 믿음 가운데 우리를 세워 준다 하겠다. 하나님의 진리는 그 자체로서 든든하고 확고하므로, 그 자체 이외의 다른 어떤 것으로 확증되어야 할 이유가 없기 때문이다. 그러나 우리의 믿음은 가냘프고 연약하므로 사방에서 온갖 수단들을 통해서 받쳐지고 지탱되지 않으면, 흔들리고 동요하며 비틀거리고 결국 넘어지고 마는 것이다. 그리하여 우리의 궁휼하신 주께서는 그의 무한하신 자비하심으로 그 자신을 우리의 능력에 맞추시고, 우리가 언제나 땅에 기어 다니는 피조물에 불과하여 육체에 집착하며, 또한 신령한 것에 대해서는 생각도 하지 않고 마음에 떠올리기조차 하지 않는 것을 보시사 스스로 낮추셔서 이런 땅에 속한 요소들을 통해서도 우리를 자기 자신에게로 이끄시며 신령한 복의 그림자를 육체 속

에서 드러내시는 것이다.[1]

그렇다고 해서 이러한 묘사가 성례의 가치를 평가절하하는 것은 아니다. 오히려 성례가 약속의 말씀을 인치고 확정하는 신적 첨가물(부록)이라는 사실을 드러낼 따름이다.

세례는 예배순서에서 어디에 와야 하는가?

1933년 미델뷔르흐 총회에서 승인된 예배순서(4장 참조)는 세례가 와야할 위치를 고정해 놓지 않았다. 이 문제는 각 교회의 자유와 재량에 맡겨졌다. 따라서 우리 역시 고정된 순서를 못박기보다는 서서히 생겨난 관례를 (원리와 비교해가며) 살펴본다는 생각으로 이 문제에 접근하는 것이 좋을 것이다. 세례는 예배의 초반부에 (성경봉독과 설교 전에) 이루어진 것이 일반적인 관례이다. 하지만 말씀과 성례의 관계를 진지하게 생각해본다면, 세례가 설교 뒤에 오는 것이 종교개혁의 정신과 일치한다는 것을 알 수 있을 것이다.

미크론(Martin Micron)이 사용한 예배순서에 따르면, 런던과 다른 지역의 화란 난민들로 구성된 개혁교회에서는 세례를 설교와 기도 다음에 시행했다. 1574년 돌트 지방회 역시 세례가 '설교와 일반적 기도' 사이에 시행되어야 한다고 규정했다. 즉 설교 다음이다. 그런데 이 좋은 전통이 사라져 버리고 어느 순간 세례가 설교 앞에 오는 것이 관례가 되어버렸다. 사람들은 좀 더 현실적이다는 이유로

---

1. *Institutes* (Battles translation), IV, 14, 3. 우리말 번역은 존 칼빈, 『기독교강요 최종판(하)』, 원광연 역(경기: 크리스챤 다이제스트, 2006), 334–335에서 가져옴.

세례를 앞에 두는 것을 선호했다. 당시에 세례가 예배의 뒷 순서에 있으면 사람들이 예배 중에 종종 밖으로 나가는 좋지 않은 습관이 있었다. 세례를 앞 순서에 두면 이런 습관을 바로잡는 데 도움이 됐다. 또 다른 현실적 이유는 세례가 뒷 순서에 있으면 예배당이나 당회실에서 유아를 울지 않도록 달래고 조용히 시키는데 많은 수고가 든다는 것이었다.

그러나 이러한 관례를 불편하게 생각하는 사람들이 있었다. 그들은 이것을 '잘못된 경향으로의 항복' 혹은 '부정직한 방법' 등의 표현으로 비판했다. 왜냐하면 이 관례가 많은 교회 구성원들의 '약점'때문에 생겨났기 때문이다. 하지만 이러한 비판에도 불구하고 이 관례는 지속되었다. 1923년(위트레흐트 총회)과 1933년(미델뷔르흐 총회) 사이에 예배순서가 총회에 의해 진지하게 고려되긴 했지만, 유감스럽게도 세례의 순서는 다뤄지지 않았다. 그래서 아직도 많은 교회들은 세례를 설교 이전에 시행하는 관례를 따르고 있다.

세례를 설교 뒤에 놓는 개정된 예배순서가 이러한 관례에 종지부를 찍을 수 있을 것이다. 당시에 세례를 예배 초에 두는 근거로 사용된 '실용성'은 더 이상 오늘날의 교회에 해당되지 않는다. 화란개혁교회 안에서 일어난 언약과 세례에 관한 오래된 투쟁이 유아세례에 대한 우리의 이해를 예전보다 더 풍성하게 만들었기 때문이다. 예전과는 달리 이제는 유아세례라는 즐거운 축제를 앞두고 아무도 자리를 비우지 않을 것이다. 설교는 확실히 더 짧고 명료해졌으며, 교회 건물은 예전보다 더 잘 갖춰진 시설을 가지고 있다. 따라서 예배 때 아이를 조용히 시키는 것 또한 예전처럼 큰 문제는 아니다. 4

장에 제시된 두 번째 예배순서는 세례를 설교 이후에 시행하는 것을 가능케 한다. 곧 회중이 설교에 반응해 올려드리는 화답찬송과 회중의 기도 사이에 세례가 오는 것이다.

이 순서에 대해 제기될 수 있는 반론은 세례 때에 하는 (세례에 대한) 감사기도와 감사와 중보를 위한 회중의 기도가 겹칠 수 있다는 것이다. 이는 미델뷔르흐 총회에서 승인된 예배순서도 마찬가지이다. 세례를 마칠 때 하는 기도가 헌금 앞에 오는 (주로 긴) 기도와 겹칠 수 있다. 예전적 관점에서 나는 그러한 중복이 부적절하다고 생각한다. 그보다 세례를 마치는 (세례에 대한) 감사기도 후에 바로 찬송을 부르며 감사를 마치는 것이 좋다고 생각한다. 혹 누군가 찬송은 유아가 세례를 받은 직후 (감사기도 전에) 부르는 것이 가장 잘 어울린다고 주장할 지도 모르겠다. 하지만 그에 대한 반론으로 그 순간에 찬송을 부르는 것은 회중이 방금 세례받은 유아에 너무 과도하게 집중할 수 있다는 점을 들 수 있겠다.

이 모든 것의 핵심은 하나님의 언약을 분명히 보여주는 것이다. 그것이야말로 회중이 성례를 행하는 목적이다. 세례는 해당 유아와 그 부모 및 가족만을 포함하는 개인적인 행사가 아니다. 세례는 회중 전체가 그것의 언약적 성격을 확인할 수 있게끔 행해져야 한다.

세례의 시기

세례의 언약적 성격은 그것의 적당한 시기를 결정하는 문제에 있어서도 동일하게 중요하다. 여기서는 이 세례의 시기와 관련해 주로 유아세례를 다루고자 한다. 성인세례는 유아세례와 동일하게 중요하지만, (서구의 개혁교회에서) 그 빈도 수가 훨씬 적기 때문이다. 우리가 예전에 사용하던 (해방파) 교회질서 56조는 다음과 같이 선언한다. "하나님의 언약은 기독교인들의 자녀들에게 그것이 시행될 수 있을 때 가능한 한 빨리 인쳐져야 한다. 또한 세례는 하나님의 말씀이 선포되는 공예배에서 이루어져야 한다." 여기서 '가능한 한 빨리'의 역사적 의미는 분명하다. 즉 우리의 아버지들은 아이가 태어난 후 다가오는 첫 번째 주일을 생각했다. 설령 그 아이가 그 전날(토요일)에 태어났다 하더라도 말이다.

이렇게 일찍 유아세례를 준 이유는 로마교가 세례당에서 (가급적이면 출생 당일에) 행했던 '긴급 세례'의 그것과는 확연히 다르다. 로마교에서 세례는 은혜의 주입을 의미하는 것으로 원죄를 무효화하는 효과가 있다. 만일 유아가 세례받지 않은 상태에서 죽는다면(당시의 유아사망률은 매우 높았음), 아이의 원죄와 죄책이 지워지지 않은 채로 죽은 것이다.

이런 로마교의 교리에 대항해 돌트 신경에서는 다음과 같이 확고하게 고백한다. "우리는 하나님의 말씀으로 하나님의 뜻에 대해 판단해야 하는 바, 신자의 자녀들은 그 본성에 의해서가 아니라 자기들의 부모와 더불어 자신들도 포함된 은혜 언약 덕분으로 거룩하다고 선언한다. 그러므로 하나님을 경외하는 부모는 하나님께서 유아기에 이생에서 불러가신 자기 자녀들의 선택과 구원을 결코 의심해서는 안 된다"(첫 번째 교리 제17조). 이와 관련해 제시된 성경의 근거 구절은 창세기 17장 7절과 사도행전 2장 39절, 그리고 고린도전서 7장 14절이다.

도르트 총회(1574년)의 결정에 따르면, 어머니가 산후조리 때문에 예배에 참석할 수 없다는 것조차 유아세례를 미루는 이유가 될 수 없다. 혹자는 이 결정에 대해 이렇게 물을지도 모르겠다. "어머니 역시 유아세례 시 부모에게 묻는 질문에 대답하기 위해 참석해야 하지 않겠는가?" 이에 대한 대답으로 결혼의 연합적 성격을 들 수 있다. 즉 참석하지 못한 아내를 위해 남편이 대신해서 대답할 수 있다는 것이다. 물론 그 남편이 교회의 고백 회원이 아니라면, 유아세례는 어머니가 예배에 참석해 질문에 답할 수 있을 때까지 연기되어야 한다.

하지만 합당한 이유없이 유아세례를 미루는 것은 바람직하지 못하다. 예를 들어 어떤 교회에서는 유아세례가 한 달에 한 번 밖에 없는 경우가 있는데, 이는 유아세례를 형식적 행사로 전락시키는 처사이다. 한편 때로는 모든 가족들과 친지가 아이가 태어나고 맞이하는 첫 번째 주일에 참석할 수 없다는 것이 유아세례를 미루는 이유가 되기도 한다. 이 경우에는 유아세례가 가족 행사가 아니라는 점을 명심해야 할 것이다.

이 모든 것에서 핵심은 회중의 눈 앞에서 하나님의 언약을 인치는 것이다. 여호와께서는 언약의 하나님으로 준비해 계신다. 그렇다면 우리 편에서 하나님을 기다리게 할 필요가 어디 있겠는가? 화란 개혁교회(해방파)의 현재 교회질서는 다음과 같이 규정한다. "하나님의 언약의 보증으로서 세례는 가능한 한 빨리 공예배에서 신자의 자녀들에게 실시되어야 한다"(56조).[2] 하나님께서는 회중의 자녀에

---

2. 캐나다 개혁교회 교회질서 57조의 규정은 다음과 같다. "당회는 가능한 한 빨리 신자의 자

게 실시되는 세례로 당신의 언약을 확증하신다. 따라서 세례는 즐겁고 풍성한 축제이다.

성찬

고대교회에는 성찬만으로 이루어진 예배가 따로 없었다. 주의 만찬은 말씀 선포와 기도, 그리고 헌금 순서 다음에 행해졌다. 하지만 시간이 지날수록 말씀과 성례의 연결고리가 서서히 사라졌다. 설교는 점점 뒤로 밀려나더니 예배에서 완전히 사라졌다.

종교개혁은 고대 교회의 예전으로 돌아갔다. 설교에 대해 논하면서, 칼뱅은 설교가 끝난 후에 말씀의 종이 테이블에 놓인 빵과 포도주를 가리키며 성찬이 행해질 것임을 선언한다고 말했다. 이 예배 순서가 스트라스부르그와 제네바에서 행해졌다. 우선 설교가 있었고, 주의 만찬이 뒤따랐다.

화란 개혁교회도 처음에는 이 순서를 따랐다. 1578년 도르트 총회는 선언했다. "주의 만찬이 행해지는 날에는 성찬식에 관해, 특히 주의 만찬의 숨은 성격에 관해 사람들을 가르치는 것이 유용할 것이다. 그리고 만일 그 날의 일상적 본문이 이 목적에 합당하지 않은 것으로 밝혀진다면, 그 목적을 위해 알맞은 본문이 선택되어야 한다." 당시에 목사들은 종종 연속적인 강해설교를 했기 때문에 어느 주일에 어떤 본문을 설교할지 미리 안 경우가 대부분이었다. 또한 1586년 헤이그 총회는 다음과 같이 선언했다. "설교와 설교단에서의 일반적 기도 후에는 주의 만찬을 위한 양식이 기도와 함께 성찬

녀들에게 세례를 주어 하나님의 언약이 인쳐지도록 보장해야 한다."

상 앞에서 읽혀져야 한다."

예전에 사용하던 해방파 교회질서의 62조에서도 다음과 같은 부분을 발견할 수 있다. "설교와 일반적 기도 다음에는 기도를 포함한 주의 만찬을 위한 양식이 읽혀져야 한다." 이러한 선언들로부터 미루어 보아 주의 만찬이 설교 뒤에(기도와 헌금 직후에) 왔다는 것을 알 수 있다. 현재 화란 개혁교회(해방)에서 사용하고 있는 개정된 교회 질서는 다음과 같이 말한다. "주의 만찬은 공예배에서 적어도 세 달에 한 번씩 장로들의 감독 하에 이를 위해 채택된 양식을 사용하여 교회 헌법을 따라 경축되어야 한다."

성례를 숙고하는 설교?

만일 성찬이 오후 예배(두 번째 예배)에서도 시행된다면, 예배 순서에 성례를 숙고하는 설교를 행하는 것이 합당한 일일까?

우선 우리는 그러한 설교가 교회 질서에 의해 요구된 적이 없음을 기억해야 한다. 네덜란드에서 종교개혁이 성공한 후 얼마되지 않았을 때, 사람들은 그러한 설교에 반대했다. 16세기의 수 많은 총회 결정 사항을 보면, 성찬 후에 그 성찬을 되돌아보는 설교보다는 요리문답 설교를 계속 이어가는 것을 더 합당하게 여겼음이 명백하게 드러난다. 당시에는 52주일로 된 요리문답 전체를 한 해에 다 다루는 것으로 계획되었다. 따라서 요리문답 설교가 행해지지 않는 특별한 주일은 거의 없었다.

또 다른 고려사항은 성찬예식문을 마무리짓는 감사기도 순서가 그것의 종료와 더불어 성찬 예식도 끝난다는 암시를 준다는 점이다. 더군다나 만일 회중이 성찬을 일 년에 4회 이상 시행한다고 결정했다면(성찬을 더 자주 행해야 할 충분한 근거들이 있다), 성찬을 되돌아보는 별개의 설교가 예배 전체를 판에 박히게 만들 위험성도 있다.

여기서도 마찬가지로 우리는 성경에 의해 요구되는 옳은 방식을 제쳐두고, 익숙하다는 이유로 기존의 관습이 우리의 사고를 결정하게 해서는 안 된다. 설령 그렇다 하더라도 (성공회처럼) 성찬을 자주 시행하려는 요구가 교회 안에 있었을 때조차 상황에 따라 설교가 없는 성찬 예배도 존재했음을 알아둘 필요가 있다.

성찬의 방식

성찬이 어떠한 방식으로 시행되어야 하는지는 또 다른 문제이다. 많은 개혁교회들에서 흔히 행해지는 것처럼, 일 년에 4-6차례 이상 시행된다면, 성찬을 경축하는 방식에 다양화를 추구할 필요가 있다. (교회 질서는 성찬을 자주 시행하는 것을 허용한다. 횟수에 관한 교회 질서의 유일한 규정은 그것이 일 년에 적어도 네 차례 이상은 거행되어야 한다는 것이다.)

이를 위한 첫걸음으로 더 짧은 성찬예식문을 사용할 필요가 있다. 현재 사용하고 있는 긴 예식문과 보다 간결한 예식문을 번갈아가며 쓰는 것도 가능할 것이다. 이러한 접근은 성찬의 격식을 과도하게 강조함으로써 말씀 봉사를 평가절하하는 위험을 방지할 수 있다. 그리고 성찬을 더 자주 시행한다 하더라도, 그것을 말씀 봉사의 비중을 줄이려 하는 '성찬주의자'(sacramentalist)의 요구를 수용하는 것으로 이해해서는 안 된다. 오히려 그것을 그리스도의 명령("이것을 행하여 나를 기념하라")을 이행하는 것으로 여기고, 말씀과 성례의 관계를 보다 올바르게 강조할 수 있을 것이다.

"하지만 회중이 더 자주 시행하는 것을 원치 않는다!"라고 말하는 사람이 있을 지 모른다. 이 말은 맞는 말일 수 있지만, 결정적인 말은 아니다. 대신에 우리는 성찬을 더 자주 시행해야 하는 이유에 대한 회중의 관심과 토론을 유발시킬 수 있을 것이다.

화란에서는 빈스호턴/스파켄부르크 총회(1958년)나 로테르담-델프스하븐 총회(1964-65년)에서 주의 만찬을 더 자주 시행하려는 열의를 성경적인 것이라 결정했고, 그 근거로 고린도전서 11장 17절과 같은 성경 구절들을 내세웠다. 이러한 이유에서라도 성찬을 더 자주 시행하는 문제가 회중 가운데 관심과 논의를 불러일으키는 것은 중요한 일이다.

주의 만찬의 축제적 성격

이 시점에서 우리가 관심을 가져야 할 주제는 주의 만찬의 성격을 결정하는 축제의 분위기이다. 만일 주의 만찬에서 즐거운 분위기가 부족한 것을 발견하게 된다면, 그것은 우선적으로 오래된 교회 건물들이 대부분 성찬 예배의 필요성을 염두해 두지 않고 지어졌기 때문이다. 특히 성찬 회원들이 앞으로 나와 성찬 테이블에 둘러앉을 공간이 부족하기 때문에 축제적인 분위기가 잘 형성되지 않는다. 대신에 오늘날의 많은 교회들은 장로들로 하여금 작은 성찬용 컵을 회중석에 있는 성도들에게 가져가도록 하는 방법을 쓴다.

만일 예배당 앞 쪽에 오직 한 개의 성찬 테이블만을 – 그것도 별로 크지 않은 – 놓게 된다면, 회중들이 그 테이블로 나왔다 들어가는 일을 반복해야 할 것이고, 예배는 자연히 길어질 것이다. 그럴 경우 주의 만찬의 축제적 분위기를 제대로 살릴 수 없다.

판 민넨(A. H. van Minnen)은 활기 없는 성찬과 관련해 다음과 같은 경험을 털어놓은 적이 있다. "나는 언젠가 한 교회에서 성찬에 참여한 적이 있었는데, 주의 만찬 순서가 다가오자 많은 사람들이 갑자기 어디선가 나타났다. 더군다나 성찬을 받고 난 후에 예배자들은 바로 교회 문을 나서 집으로 가버렸다. 감사의 기도로 성찬을 마무리하는 순서는 분명히 필요 없어 보였다. 예배의 끝 부분에 가서는 꽤나 컸던 그 교회 건물이 마치 뿌리 뽑힌 나무들이 여기저기 서 있는 숲과 같이 느껴졌다."

판 민넨은 예배의 길이에 관해서도 불만을 덧붙였다. "많은 가정들이 시간에 쫓겨 어쩔 줄 몰라했다. 남자들은 짜증이 나 있었고, 여자들은 허둥지둥했으며, 아이들은 정신없이 떠들었다. 예배가 너무나 길었기 때문에, 성찬에 따라야 할 분위기는 망쳐졌다. 나는 교회에 아침 9시 30분에 갔는데, 12시 45분까지 나올 수 없었던 것으로 기억한다."[3]

또한 많은 사람들이 주의 만찬을 지극히 거룩하고 엄숙한 일로 생각해 그 안에 있는 즐거움의 요소를 발견하지 못한다는 것도 고려할 필요가 있다. 경건주의와 신비주의의 영향으로 사람들은 자신들이 성찬에 참여할 '자격이 없다'는 점을 깊이 생각하고, '자기의 죄

---

3. *De Gereformeerde Eeredienst*, p. 61.

를 먹고 마시는 것'을 두려워한다. 설령 주의 상에 나아갈만큼 충분히 담대한 사람들조차 성찬을 받을 때의 얼굴빛은 마치 그들이 축제의 자리가 아닌 장례식에 온 듯한 인상을 준다.

그런데 주의 만찬을 '경축'해야 한다고 할 때, 어떻게 축제의 분위기가 없이 경축할 수 있겠는가? 사도행전 2장 46절에서도 볼 수 있듯이, 초대교회는 '기쁜 마음으로' 떡을 떼고 음식을 먹었다. 성찬을 통해 우리는 구약에서 예배의 절정에 이르렀을 때 발견되는 기쁨의 드러남을 목도함은 물론, 신약에서 특징으로 삼고 있는 다가올 날에 대한 즐거운 기대를 발견하는 것이다.

이 기쁨에는 교제의 성격도 있다. 그것이 사람들이 예배에 빈 손으로 오지 않은 이유이기도 하다(신 16:14-17 참조). 초대교회에서는 이 기쁨이 도움이 필요한 사람들을 생각나게 했고, 또한 가난한 자의 필요를 위한 연보라는 형태로 표출되었다. 이러한 연보는 주의 만찬을 경축한 후에 행해졌다.

여기서 집사의 직무의 가장 기본적인 뿌리를 발견할 수 있다. 주의 만찬을 축하할 때의 기쁨의 정신은, 하이델베르크 요리문답 제38주일에 따르면, 가난한 자들에게 기독교적 자비를 행할 기회로 이어진다. 이상적으로 말하자면, 집사들은 이 헌금만으로 회중 가운데 가난한 자를 구제할 수 있어야 한다. 이러한 이상은 우리의 예배 안에서 주의 만찬의 축제적 성격이 충만히 드러날 때 현실이 될 것이다.

다시 생각하기

1. 교회 초창기에 사람들은 교회당 건물에서 세례를 받았는가?

2. 칼뱅은 세례를 무엇이라 이름하였는가?

3. 세례는 예배순서에서 어디에 와야 하는가?

4. 세례는 산후조리하는 어머니가 참석할 때까지 미뤄야 하는가?

5. 별도의 성찬 예배가 있어야 하는가?

6. 사람들은 교회 초창기에 '성례를 숙고하는 설교'를 어떻게 이해하였는가?

7. 성찬을 1년에 4회 시행하는 것이 충분할까?

8. 성찬에서 경축의 측면을 어떻게 실행에 옮길 수 있을까?

9. 성찬에서는 어떤 종류의 연보가 이루어지는가?

10. 성찬은 회중석이 아니라 성찬상에서 이루어져야 하는가?

제10장

공적 기도

중요한 요소

공적 기도는 예배에 있어 중요한 요소이다. 이것이 그리 놀랍지 않은 것은 구약의 예배에서도 이 요소가 발견되기 때문이다. 하나님은 성전을 가리켜 '기도의 집'(사 56:7)이라 말씀하셨다. 회당에서 행해진 예배에서도 기도는 예배의 중요한 요소를 차지했다.

신약 교회의 전형적인 특징은 그들이 기도에 힘썼다는 것이다(행

2:42). 회중은 자신들의 구체적인 필요를 여호와 하나님 앞에 내려 놓았고(행 4:24 외 다수), 타인을 위한 중보기도를 했으며(행 12:5; 딤전 2:1-2), 예수 그리스도로 인해 하나님께 감사를 올려드렸다(골 3:17; 고전 14:16). 종교개혁의 시기에 개혁된 교회도 안식의 날인 주일에 하나님의 교회에 부지런히 참석하여 '주님을 공적으로 부른 다'고 고백했다(하이델베르크 요리문답, 제38주일).

1933년, 미델뷔르흐에서 제안한 예배순서에는 기도가 있어야 할 자리로 두 곳을 포함시켰다. 첫 번째 기도는 성경봉독과 설교 사이에 오는 것인데, 여기에는 말씀 선포에 복을 주시길 기원하는 기도와 특정한 사람들을 위한 중보기도, 그리고 기독교의 일반적인 필요를 간구하는 것이 포함된다. 두 번째 기도는 설교 다음에 오는 기도로서, 말씀에 대해 감사하는 기도이다.

하지만 이런 식으로 두 가지 기도를 배치함으로써 화란 개혁교회는 스스로가 가지고 있던 예전적 전통에서 벗어나게 되었다. 왜냐하면 교회의 시편 찬송집에 있는 예식문(liturgical section)에는 설교 전후로 쓰일 많은 공적 기도문들이 이미 포함되어 있기 때문이다. 이 기도들은 일정한 규칙을 따른다. 곧 성령께서 설교를 인도해 주시고 조명해 주시길 구하는 짧은 기도가 있고, 설교 후에 이어지는 모든 기독교의 필요를 구하는 긴 기도가 있다. 이러한 전통적 개혁주의 예식은 스트라스부르그나 제네바, 런던이나 프랑켄탈의 예배 모범에서 발견된다. 또한 1566년 다테누스에 의해 사용된 예전 책에서도 확인되듯이, 그러한 전통적 예식은 초기 화란 개혁교회의 예식이기도 했다.

그렇다면 1933년 미델뷔르흐 총회가 한 일은 단지 당시에 존재하던 예전적 관행을 승인한 것이었다고 할 수 있다. 총회의 기본적인 생각은 '우리 개혁교회에서 굳은 관행을' 고수하는 것이었다. 하지만 기도에 있어서 만큼은 총회가 이 관행을 합법화하는 과정에서 종교개혁의 원래적 기도 순서에서 이탈하게 되었다.

기도문

어떻게 공예배의 기도가 이렇게 바뀌게 되었을까? 가장 우선적으로는 역사의 한 시점에서 기도문(formula prayers)이 상당한 비판에 직면하게 되었다는 것이다. 즉 미리 작성된 기도 대신 '자유로운 기도'를 선호하는 생각이 힘을 얻기 시작한 것이다. 그 결과 시편 찬송집의 예식문(liturgical section)에 있던 기도들이 무시되기 시작했다. 또한 설교 전의 기도가 점점 더 길어진 반면, 두 번째 기도(설교 후)는 점점 더 짧아졌다.

기도문에 대한 반발은 영국 청교도들과 더불어 '한 걸음 더' 개혁하려는 사람들의 주도 하에 일어났다. 그런데 이 반발은 성격상 경건주의적 요소를 가지고 있었다. 카이퍼는 이 사람들이 마음으로부터 자유롭게 나오는 것에만 관심이 있었다고 이야기한다. "이러한 부분은 이 사상에 의해 지배된 사람들에 의해 너무나 강하게 강조되었기 때문에 심지어 주기도문조차 거의 사용되지 않았다."

야코뷔스 쿨만(Jacobus Koelman)은 사람들이 가슴으로부터 기도해야 하는 것에 동의하면서 '온갖 종류의 작은 꽃들로 장식되고, 매 간구마다 반복구를 첨가한' 기도문을 사용해선 안 된다고 생각했다.

그는 또한 기도문의 부적절함에 대해서도 말했다. 그에 따르면, 기도문에 실린 기도는 죽은 기도이다. 왜냐하면 오직 자유로운 기도에서만 성령께서 일으키신 생명의 증거인 즉흥성을 느낄 수 있기 때문이다.

카이퍼는 이러한 사고방식에 대해 다음과 같이 썼다.

> 사람들은 성령께서 목사가 기도하는 바로 그 순간에 목사로 하여금 기도할 수 있게끔 하신다고 생각했다. 그리하여 그들은 성령께서 목사의 기도를 위해 우리 조상들의 수고나 목사 스스로의 준비를 사용하실 수 있다는 가능성을 부인했다. 그는 단지 거기서 기도를 시작해야만 했다. 오직 그것만이 진정한 기도로 여겨졌다. … 누군가 기도문을 사용한다면, 그것은 완전한 것이 아니라고 간주되었다. 왜냐하면 그것은 스스로 기도할 수 있는 능력이 없음을 보여주는 것이라고 생각했기 때문이다. 그리하여 사람들은 일반적으로 눈을 떴을 때보다 눈을 감았을 때 더 자유롭게 말하기 때문에, 점점 더 관습이 되어가는, 교훈적이기보다는 오히려 비교훈적인 '긴 기도'를 발전시키게 되었다. … 그리고 기도가 '길다'는 인상을 주지 못하면, 그것은 좋은 기도로 여겨지지 않았다. 만일 목사들이 두 기도문을 미리 공부하고 나서 그것들이 무엇을 포함하고 있었는지 떠올리기만 했더라도, 상황은 지금보다는 나았을 것이다. 만일 그랬다면, 그들은 어떻게 기도해야 할지를 배울 수 있었을 것이다.

카이퍼는 연이어 기도문 중 하나를 제시하고 나서 이렇게 물었다. "이것은 실로 아름답고, 감동적이고, 시선을 사로잡는 기도가 아닌가? 우리가 이 탁월한 언어를 목사가 그 자리에서 자신을 위해 만들어 내야 하는 자유로운 고백과 맞바꾼다면, 그것이야말로 회중을 빈곤하게 만드는 것이 아닌가?"[1]

하지만 그것은 17세기 말 '한 걸음 더 개혁'하기 위해 나아갔던 사람들이 생각하던 방식은 아니었다. 그들은 '기도의 은사'에 따라 리더로 세워졌는데, 당시에 주로 추구되던 은사는 매우 긴 기도를 즉흥적으로 할 수 있는 능력이었다. 그리하여 기도문을 사용하는 것은 점점 더 어려워졌고, 공적 기도와 관련된 전통적인 개혁주의 예식문은 점점 잊혀져 갔다.

다른 예배 순서?

많은 사람들에게 길고 즉흥적인 기도는 참된 경건의 표시였다. 따라서 목사의 '기도의 은사'를 드러낼 기회를 제공해 준 '긴' 기도에 중요성이 더해졌다. 하지만 이렇게 되면서 죄를 고백하는 기도와 하나님의 말씀을 여는 짧은 내용의 기도가 줄어들게 되었다. 그리고 (원래 설교 후에 왔던) '긴' 기도는 이제 성경봉독과 설교 사이에 위치하게 되었다. 이렇게 된 데에는 이유가 있었다. 곧 설교가 점점 더 길어진 것이다. 때로 가르치는 설교는 문자 그대로 몇 시간에 육박하기도 했다. 설교가 너무 길었기 때문에 설교 전 성경봉독이나 회중의 시편 찬송을 위한 시간도 모자라게 되었다.

---

1. *Onze Eeredienst*, pp. 206ff.

그러한 예배에서는 설교 중간에 두 번의 찬송이 있었다. 첫 번째 찬송은 매우 길었던 설교의 서론 뒤에 왔다. 심지어 설교의 본론으로 들어가기도 전에 목사는 회중이 찬양을 부르도록 요청하기도 했다. 두 번째 찬송(*tussenzang*)은 성경 본문의 해석과 '적용' 사이에 왔다. 그러한 찬송을 통해 설교자는 회중이 정신적인 휴식을 취할 수 있는 기회를 제공했다.

당시 사람들은 오늘날의 사람들보다 집중력이 좋은 편이었는데도 많은 사람들이 설교 도중에 잠들었다. 깨어있던 사람들은 목사가 잠든 이들을 깨우기 위해 엄하게 꾸짖는 우스꽝스러운 광경을 바라봐야 했다. 제일란트(Zeeland) 지방의 몇몇 교회에서는 자매들과 자리에 앉았던 형제들이 목사의 '적용'이 시작되자마자 모자를 쓰곤 했다. 왜냐하면 적용 부분부터는 더 이상 하나님의 말씀이 아니라 사람의 말이라 생각했기 때문이다.

설교 후에 감사와 중보를 위한 기도가 사라지게 된 또 다른 이유가 있었다. 이미 살펴본 바와 같이, 많은 목사들이 설교를 너무 길게 한 나머지 시간이 없었던 것이다. 그들은 규정된 예배시간을 초과한 만큼 벌금을 내야했기 때문에 서둘러 예배를 마치려고 했다. 가령 암스테르담에서는 벌금을 줄이려고 감사기도는 하는 둥 마는 둥 하고 급히 예배를 마치기도 했다.

중보기도의 위치

이와 같이 공적 기도의 위치가 시간이 지남에 따라 바뀌게 된 데에는 많은 이유들이 있다. 하지만 이렇게 기도의 순서가 종교개혁의 전통으로부터 벗어난 것은 유감이 아닐 수 없다. 성경봉독과 설교가 긴밀하게 연결된 하나의 순서라는 것에 대해 많은 근거들이 있지 않은가? 그리고 하나님의 말씀을 여는 기도가 성경봉독과 설교 앞에 오는 것이 자연스럽지 않은가? 또한 만일 기도의 본질을 존중하고자 한다면, 중보기도를 말씀 선포 다음에 오게 하는 것이 최선이지 않겠는가? 우리는 기도할 때 먼저 우리에게 말씀하신 분에게 주목한다. 하나님의 말씀 안에 있는 약속에 우리 스스로를 매고, 계속해서 그 말씀으로 돌아간다. '입술의 열매'인 기도는 우리의 언약적 반응이자 제사의 한 부분을 구성하는 것이다(호 14:2; 히 13:15 참고).

때로는 사람들이 설교를 들은 직후에는 긴 기도에 집중할 수 없다는 주장이 있다(이러한 의견은 '정신적' 반대에 속한다). 이에 있어서는 설교의 중심성이 얼마나 강조되든지 간에, 설교 혼자 예배의 골자를 형성할 수는 없음을 지적할 수 있다. 더군다나 중보기도가 늘 길어야 하는 것도 아니다. 예배 중간에 기도가 적절히 구성되고 배치된다면, 장문의 중보기도는 필요 없다.

그러기 위해서는 말씀의 봉사 전에 오는 기도가 적절히 행해져야 할 것이다 – 그 기도는 말씀을 여는 것과 성령의 조명을 간구해야 한다. 죄의 고백도 이 기도 안에 충분히 포함될 수 있다. 언제든지 하나님을 만날 때면 회중은 스스로를 겸손하게 하고 죄를 고백해야 하기 때문이다. 따라서 하나님의 말씀을 여는 기도는 다음과 같은 요소들을 포함해야 한다. 곧 죄의 고백, 용서를 구함, 회복 및 말씀을 깨닫는 지혜를 위한 간구이다.

중보는 설교 후의 기도에 포함되는 것이 좋다. 그리고 예배 때마다 생각할 수 있는 모든 중보기도 제목을 가지고 올 필요도 없다. 또한 설교자는 주일 예배를 준비하면서 오전 예배와 오후 예배의 중보기도 제목을 지혜롭게 나누어야 한다. 그렇게 함으로써 중보기도가 한 예배에 집중되어 과도하게 길어지는 것을 막을 수 있을 것이다.

자유와 질서

개혁자들은 예배에서 공적 기도의 중요성을 재발견했다. 그들은 중세를 지나며 기도의 삶이 시들해진 회중에게 어떻게 기도해야 할지를 새로 가르치는 위대하고 중요한 일에 착수했다. 한편 그들은 로마교적 형식주의(legalism)와 영적 방종주의 사이에서 하나를 선택해야 하는 거짓 딜레마에 발목 잡히지 않았다. 우리 또한 그러한 실수를 저질러선 안 된다. 가령 기도문에 근거한 기도를 '자유로운' 기도보다 우선시해서도 안되고, 그렇다고 해서 기도문을 거부하고 오직 '자유로운' 기도만 참된 기도로 여겨서도 안 된다.

칼뱅은 기도의 봉사에 필요한 조심스러운 태도를 크게 강조했다. 이는 기도할 때 사용되는 단어에도 적용된다. 그는 회중을 대표해 기도하는 사람이 (단어 선택에 있어) 회중 가운데 지배적인 위치를 차지하지 않도록 주의를 기울였다.

또한 기도가 설교로 바뀌지 않도록 주의해야 한다. 예전에 남자들이 기도 중에 일어서 있던 것이 관례였을 때(여자들은 앉아서 기도했다), 당시 장로였던 파비위스 교수(D. P. D. Fabius)는 기도 인도자가 주님을 향해 설교하기 시작한다는 것을 감지하고는 곧 바로 자리에 앉곤 했다. 비스터벨트(P. Biesterveld)는 다음과 같이 말한다. "기도의 형태로 대충 생기 없는 말들을 내뱉는 것은 회중에게는 지루한 일이고 하나님에게는 혐오스러운 일이다. 우리가 기도 안에 교리의 조각들을 쏟아붓고 있을 때, 이것은 바르게 기도하는 것이 아니다."[2] 기도를 인도하는 사람과 회중 모두 기도에서(공적인 기도를 포함) 가장 중요한 요소는 하나님께서 우리에게 요구하시는 감사라는 것을 명심해야 할 것이다.

---

2. *Het Gereformeerde Kerkboek* (Zutphen: "Filippus," 1931), p. 184.

다시 생각하기

1. 성전 예배에서 기도는 어떤 위치를 차지했는가?

2. 종교개혁 당시에 기도의 위치는 어떠하였는가?

3. 사람들은 나중에 예식서의 기도문에 대하여 어떤 이의를 제기하였는가?

4. 중보기도는 어느 때에 하는 것이 가장 적절한가?

5. 예식서의 기도문은 우리가 거부해야 하는 것일까?

6. 우리는 예배 때마다 기도와 관련해 어떤 질서를 가져야 할까?

제11장

시편 찬송과 찬송가

개인과 공동체

예배에서 부르는 교회의 찬송은 '공동체 안의 나'가 부르는 것이다. 찬송이 불려질 때, 각 개인은 홀로 찬양을 부르지만, 동시에 공동체가 함께 자기 백성을 구원하시고 원수를 멸망시키신 여호와께 찬양을 올려드리는 것이다. 우리는 그의 대적을 향한 하나님의 진노와 그의 백성의 승리라는 주제를 교회의 가장 오래된 찬송 중 하나인 모세의 노래에서 찾을 수 있다(출 15장). 또한 동일한 주제가 요한이 모세의 노래와 어린 양의 노래가 울려퍼지는 것을 듣는 장면을 묘사하는 요한계시록 15장에서도 나타난다.

이러한 주제는 성경에서 찾을 수 있는 모든 노래들의 공통된 특징이다. 교회의 찬송에서 개인주의(individualism)는 있을 수 없다. 하지만 그렇다고 해서 비인격화(depersonalization)를 말하는 것도 아니다. 모든 노래는 각 구성원들로 하여금 자신이 그 찬송과 연관되어 있다고 느끼게 한다는 점에서 개인적이다. 하지만 그 노래들이 각 '영혼이' 경험한 것에 대한 개인주의적 표현은 아니다. 교회에 의해 치뤄지는 전투는 각 개인이 각자의 삶의 현장에서 체험하고 싸우는 전투이다. 따라서 이들은 찬양을 부르면서 다른 사람뿐만 아니라 자신도 약속된 승리 안에 포함되어 있음을 느끼게 된다. 구약에서는 이 찬송이 회중 안에서 번갈아 불려졌는데, 미리암의 노래와 모세의 노래가 홍해 바닷가에서 번갈아 불려졌던 것이 그러한 예이다.

나중에 예루살렘에서 열린 큰 축제일 동안 사람들은 왕이나 제사장들의 권고 하에 기쁨의 함성을 질렀고 찬양의 노래를 불렀다. 역대상에서 볼 수 있는 것처럼, '할렐루야'와 '아멘'은 기쁨의 외침으로 사용되었다. 시편에도 이러한 양식이 종종 반영되어 있다. 그러한 찬양은 주로 하나님을 찬양하라는 초대로 시작되었다. 이 초대는 예배인도자가 사람들이나 성가대를 상대로 선포하였다. 때로 이 초대에는 좀 더 광범위하게 나라들, 이방인들, 천사들, 혹은 전 우주가 포함되었다.

이 초대는 특정한 동기를 가지고 있었다. 즉 여호와의 선하심, 위대하심, 그의 승리, 그의 아름다우심, 그리고 그의 구원에 찬양을 돌려야 했던 것이다. 또한 여호와를 찬양하는 방식에도 차이가 있었다. 노래, 찬양, 영광돌림, 감사, 높임, 송축, 그리고 고백과 같은 용어들이 각 찬양에 적용되었다. 이 모든 과정에서 찬양은 집단적인 성격을 지니고 있었다. 이에 대해 시컬(J. C. Sikkel)은 다음과 같이 말했다.

시편은 그것을 노래하는 개인 뿐만 아니라 이스라엘 전체를 위한 것이었다. 그것은 인류로서의 이스라엘과 하나님과 사람 사이의 중재자이자 신인(神人)이신 그리스도를 위한 것이었다. 그것은 또한 세상 안에 있는 하나님의 회중, 참된 인간의 삶을 살고 있는 회중을 위한 것, 곧 인간을 위한 것이었다. 시편은 다윗에 의한 것만도, 다윗을 위한 것만도 아니었다. 그것은 이스라엘을 위한 것이기도 했다. 이는 다윗 스스로가 그렇게 표현했다. 이스라엘의 하나됨을 말하는 다윗은 여호와의 영이 그를 통해 말씀하시며, 여호와의 말씀이 그의 입술에 있다는 생각에 사로잡혀 있었다. 시편은 성소에서 찬양대의 지휘자에게, 그리고 이스라엘을 향해 드려졌다. 시편은 그리스도의 것이었는데, 그리스도를 통해 말씀과 함께 세상 안에 있는 회중의 것이 되었다. 시편은 인간 세상 안에서 불려지는 회중의 찬송이었다. 교회는 머리되신 예수 그리스도와 함께 그 찬송을 불렀다. 이런 식으로 모든 시편은 이스라엘과 그리스도에 묶여 있다. 따라서 시편은 전부 메시아적이라

할 수 있다. 구약의 모든 예언과 이스라엘의 모든 역사가 메시아 적이었던 것처럼 말이다.[1]

우리는 메시아적인 혹은 왕적인 시편과 개인적 탄식 혹은 감사의 노래를 분리된 것으로 여겨서는 안 된다. 얀서(A. Janse)의 말을 빌 자면, '개인이 홀로 높여지지' 않는다는 점을 지적해야만 한다. 얀서 는 다음과 같이 확언한다. "시편은 사람들의 종교적 삶에 관한 노래 가 아니다. 그것은 교회의 삶 한 복판에 서 있는 노래이다. 시편의 영광스러운 부분은 우리의 전체 삶이 단순히 그것 자체로 보여지는 것이 아니라는 점이다. 우리는 항상 하나님의 언약이라는 문맥 안 에서 그것을 노래한다."[2]

신약의 초기

시편 찬송의 사용이 옛 언약의 시기에만 국한된 것은 아니다. 무 엇보다 그리스도께서 (스킬더의 표현을 빌자면) '그의 시편의 저자 로서' 찬송을 부르시는 것을 발견할 수 있다. 그리스도께서는 제자 들과 함께 마지막 유월절 만찬을 마무리하시면서 '할렐'(시편 113-118편) 찬송을 부르셨다.

신약 교회의 태동기에서도 시편 찬송이 불려졌다. 바울과 실라가 빌립보 감옥에 갇혔을 때, 그들은 하나님을 찬송하기 위해 잘 알려 진 시편을 찬송했을 가능성이 매우 높다(행 16장). 또한 사도 바울

---

1. *De Heilige Schrift en haar Verklaring* (Amsterdam: Holland, 1905).
2. *De heerlijkheid der Psalmen als liederen des verbonds* (Culemborg: De Pauw, 1933), pp. 22, 23.

은 에베소 교회와 골로새 교회에 "시와 찬송과 신령한 노래를 부를" 것을 권고했고(엡 5:19; 골 3:16), 야고보는 "너희 중에 즐거워하는 자가 있느냐 그는 찬송할지니라"(약 5:13)고 썼다. 뿐만 아니라 회당 안의 음악도 성전의 음악에서 대거 가져왔기에 회당 예배에서도 시편 찬송은 매우 큰 위치를 차지했다.

초대교회는 박해와 억압 가운데 지내야 했음에도 불구하고 신속하게 예배의 특정 양식을 고정시키고 고착화했다. 그 시기에 회당 예배에서 쓰이던 많은 관례들이 초대교회로 옮겨온 것으로 보인다. 그 중에는 이미 살펴본 바와 같이 성경봉독 직후 기도가 오는 관습이 있었고, 성경구절을 읽는 대신 번갈아가며 시편 찬송을 부르던 관습도 있었다. 시편 찬송은 인도자에 의해 먼저 불려졌고, 그 후에 회중이 부를 수 있는 쉬운 반복구가 뒤따랐다. 이러한 측면에서 초대교회의 예배는 비록 외적인 형태에서 조금의 차이점이 있을 수 있으나, 회당 예배와 거의 같은 방식으로 드려졌다고 할 수 있다.

시편 찬송은 회중이 한 목소리로 부를 수 있는 간단한 멜로디로 불려졌다. 사실 이것은 일상적인 의미의 멜로디라기보다는 단선율로 된 멜로디 패턴(melody schema)이라 부르는 것이 더 맞을 것이다. 이러한 패턴의 중심에는 더 높은 음으로 올라가거나 더 낮은 음으로 내려갈 수 있도록 도입된 한 단음(單音, single note)이 있었는데, 이러한 노래 방식이 나중에 그레고리오 성가(Gregorian chant)로 발전했다.

4세기에 유세비우스는 이 점에서 기독교회와 회당 간에 유사점이 있다고 말했다. 특히 그는 유대교 종파의 하나인 쎄라퓨트 파

(Therapeuts)가 기독교인들과 똑같은 방식으로 예배한다고 말했다. 그에 따르면, 쎄라퓨트 파의 찬양은 한 명이 노래를 시작하고 리듬을 유지하면 다른 사람들이 함께 따라 부르는 형태로 구성되었다. 이는 마치 성가대 지휘자가 등을 회중 쪽으로 향하고 서서 찬양하는 것과 흡사했다. 여기서 사용된 이미지는 왕을 맞이할 때, 그 가운데서 한 명을 택하고 그로 하여금 대변인 역할을 하게 하는 백성들의 이미지였다.

고대교회와 회당 간의 유사점은 다른 부분에서도 발견할 수 있다. 성전에서는 많은 악기들이 사용되어 풍부하고 다양한 관현악 음악이 반주되었지만, 회당에서는 그렇지 않았다. 초대교회 역시 회당을 본받아 노래에 반주로 쓰일 악기를 전혀 사용하지 않았다. 교회의 초기 역사에서 악기를 사용하지 않은 사실은 차후 기독교인들의 찬양 형식에 결정적인 영향을 미쳤다.

판 더르 레이우(Gerardus van der Leeuw)와 하스퍼(H. Hasper)는 회당에서 시편이 불려지던 방식이 고대교회에서도 그대로 이어졌다고 밝혔다.[3] 고립된 곳에 위치한 회당의 멜로디는 시간이 지나도 거의 바뀌지 않았다. 그리고 회당에서 불리던 노래는 그레고리오 성가의 멜로디와도 유사한 점이 많았다. 한편 예배 가운데 가끔 등장한 격렬한 멜로디의 찬양은 주로 할렐루야 찬양에 의해 중단되거나 그것으로 대체되어 끝나기도 했다.

이처럼 회당 예배의 많은 요소들이 성전의 예배에서 가져온 것이

---

[3]. 이 문제에 관한 하스퍼의 논의에 관해서는 두 권으로 된 그의 중요한 책 참고. *Calvijns beginsel voor de zang in de erediesnt*, I (The Hague: Nijhoff, 1955), II(Groningen: De Vuurbaak, 1976).

었고, 이는 그대로 고대교회에 의해 계승되었다. 곧 시편 찬송에는 성전에서 회당으로, 회당에서 고대교회로, 그리고 고대교회에서 지금 우리에게로 이어진 오래된 전통이 있다. 이 전통은 종교개혁의 시기를 지나면서 가까스로 회복되었다.

영광을 회복한 시편 찬송

그런데 천천히 그러나 확실히 교회의 찬양에 후퇴기가 찾아왔다. 점점 더 회중은 침묵을 지켜야 했고, 그 자리를 사제들에 의한 일방적인 찬양이 차지했다. 그레고리오 성가에는 너무 많은 '반복구'(sequence)가 있었다 – 유절(有節)의 가사가 곁들여진 긴 후렴구는 절제없이 계속되었다. 그 다음 틀에 박힌 '삽입구'(trope)가 드라마틱한 분위기를 형성하기 위해 뒤따랐다. 이 모든 과정이 바른 예배로부터 이탈하게 만들었다. 찬양의 가사들은 하나같이 성의가 없었고, 허공을 때리는 것이었다.

중세에는 스콜라 철학과 신비주의가 예배, 특히 성례에 사용되던 찬양에 영향을 끼치기도 했다. 더군다나 16세기 초반의 사람들은 라틴어로 된 교회의 찬양을 이해할 수 없었다. 그래서 이에 대한 반작용으로 찬양이 성도들에 의해 평가절하되거나 세속화되기도 했다.

사라져가던 시편 찬송을 회복시키고 성직자들만 부르던 찬양을 교회 전체에 돌려준 것은 칼뱅이 이룬 위대한 업적이었다. 그는 이 개혁 작업을 스트라스부르그에서부터 시작했다. 또한 그는 제네바에서 추방되었을 때, 19편의 시편 찬송이 담긴 작은 책을 출간했다. 그 책에는 시므온의 기도와 십계명, 그리고 사도신경의 12조항 등도 노래로 실렸다. 칼뱅이 이 시편 찬송가를 출간했다는 사실로부터 그가 당시에 사용되던 다른 노래들을 반대했음을 잘 알 수 있다. 그는 예배에 시편이 불려지기를 간절히 원했던 것이다.

1562년에 칼뱅과 그의 동료들은 제네바 시편 찬송의 최종판을 완성할 수 있었다. 그 전에는 잘 알려지지 않았던 아름다운 멜로디가 포함되어 있던 이 책은 오늘날까지도 교회가 가진 특별한 유산으로 남아있다!

칼뱅이 시편 찬송에 각운을 넣는 작업을 도왔던 테오도르 베자(1519-1605)가 칼뱅의 뒤를 이어 제네바에서 사역했다. 베자도 성경구절을 근거로 거룩한 찬송집을 만들었다[이 노래들은 주로 '칸티카'(Cantica)라 불린다]. 아쉽게도 칼뱅의 시편 찬송은 화란어로 번역되어 널리 사용되었지만, 베자의 노래들은 화란에 거의 소개되지 못했다.

각운이 포함된 화란 시편 찬송

1566년 이후로 네덜란드의 개혁 그리스도인들은 다테누스(Petrus Dathenus)가 만든 각운 있는 시편 찬송을 사용했다. 이 찬송은 두 세기 동안 널리 사용되었고 지금도 여기저기서 사용되고 있다. 위대한 시인 마르닉스(Marnix of St. Aldegonde)가 만든 각운 버전은 훨씬 더 시적인 것인데, 그 다음으로 많이 사용되었다.

1773년, 몇몇 시편들에 다양한 각운을 시도한 『국가공인 찬송가』(*Statenberijming*)[4]라 불리는 시편 찬송이 나왔는데, 이는 오늘날까

---

4. 이 이름은 단지 정부의 계획 하에 이 작업이 시작되었음을 의미한다. 한편 『국가공인 번역

지 사용되고 있다. 하지만 이 버전에 대한 비판이 많다. 먼저 아브라함 카이퍼가 1911년에 이 각운 버전을 비판했고, 클라스 스킬더도 1927년에 다음과 같이 말했다. "우리가 쓰고 있는 각운 버전이 계시된 말씀을 부당하게 취급하고 있고, 때때로 말씀의 의미를 숨기고 있다는 우려에 귀를 기울여야 한다. … 우리는 현재의 각운 버전을 없애야 한다."[5]

1986년, 수많은 준비 끝에 각각의 시편에 대한 새로운 각운을 담고 있는 시편 찬송이 화란 개혁교회(해방파)에서 출간되었다. 북아메리카에서는 캐나다 개혁교회의 시편 찬송집인『찬양의 책』(the Book of Praise)이 1984년에 출간되어 영어권 예배자들에 의해 사용되었다.

찬송가

고대교회가 시편을 부른 것은 사실이지만, 얼마 지나지 않아 예배에 시편 찬송이 아닌 일반 찬송가도 사용되었다. 매우 이른 시기부터 'Te Deum'("오 하나님, 우리가 주를 찬양하나이다")과 같은 고백의 찬양이 있었다. 이 노래는 히브리서 12장 18-29절에 묘사된 예전에 기초하고 있는데, 그 기본 형태는 2세기 말 북아프리카에서 발견된다. 좀 더 완성된 형태의 '테 데움'은 레메시아나(Remesiana)의 주교였고, 오늘날의 유고슬라비아 인근에 살았던 니케타(Niceta, ca.335-420년)에 의해 만들어졌다. 니케타는 또한 사도신경에 '성도

성경』(Statenvertaling)은 동일한 계획에 의해 만들어져 널리 사용된 성경 번역본이다.

5. *Bij Dichters en Schriftgeleerden* (Amsterdam: "Holland," 1927), p.97.

의 교제'라는 구절을 처음으로 넣어 하늘과 땅에 있는 모든 시대의 교회의 고백이 되게 한 장본인이다.[6]

또한 시리아의 에브라임(Ephraem the Syrian, 306-373)이 쓴 글에는 당시에 아름답고 교훈적인 찬송가가 '번갈아 부르는 형식'(antiphonal form)으로 불려졌다는 언급이 있다.[7] 이것이 나중에 콘스탄티노플이나 동방 가톨릭 교회(Eastern rites)에서 사용된 고대 비잔틴 찬양 형식의 본보기가 되었다. 한편 에게리아 수녀(nun Egeria)는 오늘날의 프랑스와 스페인의 국경에 위치했던 아키텐(Aquitaine)에서 예루살렘으로 순례의 길을 떠났는데, 예루살렘에서 예배를 드리던 그녀는 시편 찬송 이외에도 일반 찬송가가 불려지는 것을 발견했다. 이 중 많은 찬송가들이 번갈아 부르는 형식으로 불려졌다.

우리는 중세의 타락시기에 오직 사제들만 찬양하고 회중은 침묵을 지켰으며, 이러한 현상이 노래의 세속화를 불러왔다는 사실을 살펴봤다. 칼뱅은 이렇게 까맣게 잊혀졌던 시편 찬송의 먼지를 털어내고 교회 사람들에게 찬양할 노래를 돌려주었다. 한편 칼뱅이 시편 찬송을 강조했다면, '자유로운' 찬송(일반 찬송가)을 강조한 개혁자는 루터였다. 루터 스스로 성경구절에 근거한 노래와 영적인 노래를 총 37곡이나 만들었다. 그와 동시대에 살았던 스페라투스

---

6. 저자가 쓴 니케타(Niceta or Nicetas)에 관한 글 참조: *Ambt en Aktualiteit: Opstellen aangeboden aan Prof. Dr. C. Trimp ter gelegenheid van zijn afscheid als hoogleraar*, ed. F. H. Folkerts e.a. (Haarlem: Vijlbrief, 1992), pp.61-71.

7. 번갈아 부르는 찬송은 둘 이상의 그룹이 서로의 노래에 응답해가며 차례로 부르는 찬송을 말한다. 이에 대해서는 다음 장(12장)에서 다룰 것이다.

(Speratus), 알베루스(Alberus), 데시우스(Decius) 같은 시인들도 찬양을 위한 가사를 지었고, 유능한 작곡가들이 이 가사에 맞게 멜로디를 붙였다.

찬송가의 후퇴

얼마 되지 않아 찬송가나 영적인 노래들에 사용되던 가사가 성경에서 멀어지기 시작했다. 17세기에 파울 게르하르트(Paul Gerhardt, 1607–76)라는 인물이 있었는데, 그는 열렬한 루터교 신봉자로서 독일 안에서 루터파와 개혁파 사이에 어떠한 연합의 가능성도 열어두지 않았다. 심지어 그는 칼뱅주의자를 그리스도인으로 간주하지도 않았다!

게르하르트의 등장으로 경건주의의 그림자가 독일에 드리우기 시작했다. 게르하르트는 요한 아른트(Johann Arndt, 1555–1621)의 영향을 받아 신비주의적 색채를 띠던 사람이었다. 하지만 다음의 비교가 분명히 보여주는 바와 같이, 루터와 게르하르트 사이에는 큰 차이가 있다. "루터는 독일 교회 음악의 아버지이다. 반면에 게르하르트에게서는 개인적인 요소 및 개인적 신앙 생활이 중요한 위치를 차지한다. 루터는 회중 전체를 대변한 사람이었다. 하지만 게르하르트의 찬송가에서는 회중 안에 있는 개인이 말한다. 루터가 트럼펫을 쥐고 행진을 준비하기 위해 모이라는 신호를 준다면, 게르하르트는 왁자지껄한 소리에서 한 걸음 물러나 단순한 플룻 선율로 그의 영혼에 내재한 갈망을 표현한다."

게르하르트는 교회력의 중요한 이벤트를 자신의 노래들로 장식

했고, 또한 자연에서 일어나는 현상에 대한 찬송가도 많이 지었다. 그와 나란히 경건주의자 리히터(C. F. Richter)와 힐러(P. F. Hiller)가 무대 위에 등장했고, 그 뒤를 많은 찬송들을 작곡했던 요한 크뤼거(Johann Crüger)가 따른다. 크뤼거의 노래에는 경건주의가 강조했던 감정적이고 개인적인 요소가 강하게 드러난다. 한편 18세기에는 테르슈테겐(Gerhard Tersteegen, 1697-1769)이 신비주의와 경건주의가 혼합된 찬송가를 많이 남겼다.

독일이 '경건한 개인'에 주목하는 경건주의의 발생지이긴 했지만, 머지 않아 영국에서 일어난 감리교 운동이 찬송가의 형성에 더 큰 영향을 미치게 되었다. 아이작 와츠(Issac Watts, 1674-1748)는 풍성한 영국 찬송가의 보고(寶庫)를 만들어낸 '영국 찬송가의 아버지'라 불린다. 그는 영국 찬송가의 기본적인 모델을 발전시켰는데, 그것은 (숨 가쁘지만) 활기찬 곡조를 위해 의도된 짧은 연을 특징으로 했다. 하지만 불행하게도 이러한 음악적 특징은 (감상적인 마음을 주로 표현한) 노래의 가사까지 집어삼키는 경향이 있었다.

진정한 감리교 찬송가는 감리교 운동의 창시자였던 요한 웨슬리의 동생이었고, 스스로도 큰 족적을 남긴 찰스 웨슬리(Charles Wesley, 1707-1788)에 의해 시작되었다. 찰스 웨슬리는 헤른후터 공동체와 그들의 리더였던 진젠도르프 백작(N. L. von Zinzendorf, 1700-1760)에 의해 많은 영향을 받았다. 개인주의의 영향으로 인해 그의 찬송가에는 자전적(自傳的) 요소들이 많고, 신앙 생활을 개인의 구원을 중심으로 그린다. 찰스 웨슬리의 찬송가에는 삶의 전 영역에로 신자를 부르심, 하나님의 나라, 언약, 그리고 교회와 같은 주제들을 찾아볼 수 없다. 그가 지은 다수의 찬송가는 내용상 정서적이고 감정적이었다.

찬송가의 일반적 사용에 관해 말하자면, 독일의 경건주의자들보다 영국의 감리교도들이 더 큰 영향을 끼쳤다고 할 수 있다. 반면 오랜 교회사를 거쳐 사용되어 오던 시편의 노래들은 점차 잊혀지게 되었다. 대신 아이라 생키(Ira Sankey, 1830–1908)나 무디(Dwight L. Moody, 1837–1899)의 복음성가가 북미 대륙에서 큰 인기를 누리게 되었다.

결론적으로 찬양에 있어 감정이 모든 것을 지배하게 되었다. 노래와 찬송은 하나님을 향한 감정을 유발하기 위한 수단에 지나지 않았다. 주관주의가 강한 영향력을 행사하면서 예배의 언약적 경험은 감정의 외적 표현으로 대체되었다.

화란에서 일어난 찬송가 논쟁

1807년, '복음성가(Evangelical Songs)라 불리는 찬송집이 화란에서 사용되기 시작했다. 다른 누구보다 시편 찬송에 많은 각운을 넣었던 부트(J. E. Voet)는 "공예배에서 더 많은 복음성가를 부르고 저주를 위한 예언적 시편은 줄이기를" 원하는 소망을 피력했다.

이 찬송집은 경건주의와 이성주의 영향 아래서 독일에서 생겨난 찬송집의 모조품이라 부를 수 있다. 하지만 판 더르 레이우(Gerardus van der Leeuw)에 따르면, 이 찬송가 안에는 원래의 화란 찬송들뿐만 아니라 본보기로 쓰일만한 매우 훌륭한 독일 노래들조차 포함되지 않았다. 이런 찬송가들에 대해 상당한 반대가 있었지만, 반대로 이것을 반기는 분위기도 있었다. 프리슬란트(Friesland) 총회에서는 모든 목사가 예배 때마다 이 찬송집에서 적어도 한 곡 이상을 선택해야 한다는 결정을 내리기도 했다.

이 찬송집은 19세기에 화란에서 일어난 개혁(분리)을 촉발시키는 데 한 몫을 담당했다. 스홀떠(H. P. Scholte) 목사는 예배에서 이 노래들을 사용하는 것을 반대했고, 드 콕(Hendrik de Cock) 목사는 클로크(Jacobus Klock)의 책자 서문에 이 노래들을 반대하는 글을 썼다. 또한 나중에는 이 문제와 관련해 드 콕 자신이 "국가개혁교회 안의 정복당하고 오도된 다수가 가장 사랑하는 소위 복음성가에 관하여"(1835)라는 제목의 소책자를 쓰기도 했다.

이 소책자에서 드 콕은 시인이자 즈볼레(Zwolle)시의 시장이었던 페이트(Rhijnvis Feith)를 비판했다. 페이트는 새로운 찬송집의 51장 ("우리의 운명")에 다음과 같은 구절을 썼다. "오 인생이여, 너의 가치를 느끼라. 왜 먼지 속에 기어다니는가! 네 심장은 이 세계에게 너무 크기 때문이다. 너의 삶은 영원을 향한 것이다."[8] 드 콕은 이러한 정서에 대항해 이렇게 썼다. "이 노래들은 말하기를, '인생이여, 너의 가치를 느끼라'(51장)라고 한다. 하지만 우리의 요리문답은 말하기를, '당신의 무가치함을 느끼라'고 말한다. 우리는 구원을 위해 가장 우선적으로 우리의 죄와 비참이 얼마나 큰가를 알아야 한다."

나중에 카이퍼는 교회 정치가 예배에 찬송가를 사용하는 것을 허용하지 않고 있음을 들어 찬송가의 무분별한 사용을 경계했다. 그

---

8. "O sterveling! gevoel uw waarde; / wat u in 't stof nog vleit, / Uw hart is veel te groot voor d'aarde, / Gij leeft voor d'eeuwigheid."

는 찬송가의 기원에 알미니안주의적 사고가 있으므로 그것을 반대하는 것이 우리의 의무라고 주장하기도 했다. 그런데 19세기 말엽에 또 다른 버전의 찬송집이 출간되었다. 일반적으로 이 두 번째 찬송집은 그 내용과 본질에 있어 첫 번째 것보다는 낫게 여겨졌다. 심지어 이 두 번째 찬송집을 초대교회의 전통이나 종교개혁과 연관시키려는 시도까지 있었다.

그러다가 1938년에 화란 국가개혁교회(Nederlandse Hervormde Kerk)는 새로운 찬송집을 발간했다. 그리고 20세기 후반(1973년)에는 수위 초교파적인 각운이 추가된 시편 찬송을 포함해 총 491곡이 들어있는 『교회를 위한 찬송집』(*Liedboek voor de kerken*)이 나왔다. 그런데 이 나중 버전에서는 오늘날 우리가 흔히 발견할 수 있는 거짓 에큐메니즘과 수평주의(horizontalism)가 분명하게 드러난다.

소수의 찬송가들

우리 교회 안의 찬송가 논쟁에는 몇 가지 뒤섞인 요소들이 있다. 우선 시편 찬송이 구약적 사고만 드러내기 때문에 교회는 신약의 노래를 사용할 여지를 남겨놔야 한다는 주장이 있었다. 하지만 시편 찬송이 구약적 사고만 드러낸다는 것은 잘못된 말이다. 왜냐하면 시편은 그리스도를 노래한 것이고, 따라서 언약의 노래이기 때문이다. 물론 그렇다고 이 말이 신약에 근거한 노래들이 예배에서 사용되어선 안 된다는 뜻은 결코 아니다.

한편 시편 찬송은 성경의 말씀을 되풀이하는 것인데 반해, '자유로운'(free) 노래들은 그러지 않다는 점도 지적되었다. 그러므로 시편 찬송이 아닌 다른 노래가 불려진다면, 그것들은 '자유로운 노래들'이 아닌 성경구절에 각운을 넣은 '칸티카'(cantica)여야 한다는 것이다.

'칸티카'는 확실히 아름다운 찬송이다. 베자는 그의 시편 찬송(각운버전)에 '거룩한 노래들'도 추가해 발간했는데, 그 노래들은 분명 사라질 위기에서 건져낼 필요가 있다. 마르닉스(Marnix of St. Aldegonde) 역시 성경구절의 각운버전을 제공했는데, 그것은 그의 시편 찬송(각운버전)과 함께 위대한 시적 가치를 지니고 있다. 하지만 성경구절을 오늘날의 언어로 옮길 때 그것을 지나치게 시적으로 만드는 것은 경계할 필요가 있다. 즉 각운(rhyme)을 찾는 노력이 말씀의 의미보다 우선해서는 안 된다는 것이다. 또한 이 각운에 붙이는 멜로디는 사람들에게 받아들여질 만한 것이여야 하고, 회중이 함께 부르는 찬송에 알맞은 것이어야 한다.

나는 찬송가를 반대하는 분들이 우려하는 부분, 곧 현재 사용되고 있는 찬송가의 많은 노래들에 성경적 근거가 없다는 점에 대해 전적으로 동의한다. 실로 성경과 신앙고백에 충실한 찬송가를 찾는 것은 하늘의 별따기 만큼이나 어려운 일이 되었다.

하지만 여기에도 피해야 할 거짓 딜레마가 있다. 곧 우리 입의 찬송으로 성경에 있는 단어들만 사용해야 한다는 것은 잘못된 주장이다. 우선 찬송으로 쓰기 위해 각운을 붙인 성경 말씀 역시 그 안에 어느 정도의 '자유'가 포함되어 있다. 따라서 그 찬송의 가사와 '자유로운 노래들'과의 차이점을 이분법적으로 구분할 수는 없다. 중요한 것은 노래가 하나님께서 그의 말씀에서 선포하시고 가르치시는 것에 의지해, 그에 대한 반응으로서 예배 가운데 드려지느냐 하는 것이다. 기도에 관해서도 이와 동일하게 말할 수 있지 않은가? 기도할 때도 우리는 하나님께서 그의 말씀 안에서 계시하시고 약속하신 것에 의지해서 기도하지 않는가? 성경에서 사용된 단어를 토씨 하나 틀리지 않고 기도에 사용해야 한다고 주장하는 사람은 없다. 결국 우리는 '자유로운' 기도를 인정하는 것이다.

기도와 찬송 둘 다 규범이 되는 하나님의 말씀에 묶여 있다. 이런 의미에서는 어느 것 하나 '자유로운' 것이 없다. 하지만 그것들은 하나님의 말씀에 그 기초를 두고자 수고를 기꺼이 감내하는 참 신앙 안에서 제한된 의미의 자유를 가진다. 칼뱅은 종종 기도와 찬양을 한 호흡으로 말했다. 그는 그것들에 대해 동일한 입장을 가지고 있었다. 더불어 "신자가 찬양할 때 그는 또한 기도하고 있는 것이다."라고 한 아우구스티누스의 주장도 생각해 보기 바란다.

수많은 찬송가들 중에서 공예배에 사용하기에 적절한 것들을 가려내는 것은 쉽지 않다. 찬송가를 너무 쉽게 받아들여 예배에서 무분별하게 사용해서는 안 된다. 하지만 그렇다고 해서 예배에서 찬송가를 부르는 것이 아예 불가능한 것처럼 금기시 해서도 안될 것이다.

역사의 초기에 화란 개혁교회(해방파)도 이 문제를 가지고 씨름해야 했다. '해방'이 있기 11년 전인 1933년에 열린 미델뷔르흐 총회는 예배에 사용하도록 승인된 찬송가들('Enige Gezangen=소수의 찬송가들')을 12곡에서 29곡으로 늘렸다. 오랜 논의 끝에 새로운 시편 찬송집이 교회에서 사용되도록 발간되었다. 1986년에 발간된 시편 찬송집은 시편 찬송 외에도 41곡의 일반찬송가를 넣었다. 하지만 그것은 미델뷔르흐 총회가 1933년에 승인한 네 곡의 찬송가를 제외시켰고, 남아있는 찬송가의 행들도 제거하거나 바꾸어 버렸다. 1984년에 발간된 캐나다 개혁교회의 『찬양의 책』(the Book of Praise)은 65곡의 찬송가를 포함시켰다.[9]

예배에서 찬양이 오는 위치

로마 가톨릭 교회의 미사는 예배 시작 전에 부르는 찬양인 '입당송'(Introitus)으로 시작한다. 이 관습은 역사의 오랜 시간을 거슬러 올라간다. 예루살렘의 예전에서(4세기 중후반)는 회중이 주교가 오기를 기다리며 부르는 찬송을 발견할 수 있다. 이 찬송은 예배에 선행해서 불려졌다.

첫 번째 찬송은 '하나님을 부름'(votum) 이나 '하나님의 인사' 다음에 부르는 것이 좋다. 왜냐하면 이로써 시편 찬송이 공예배 밖에 위치하는 것을 막을 수 있을 뿐만 아니라, 하나님의 인사에 대한 반응으로서 시편의 성격을 보존할 수 있기 때문이다. 또한 이 경우 자발성과 역동성의 장점도 있다. 왜냐하면 회중이 오르간의 짧은 도입부에 맞춰 하나님의 인사가 끝나는 즉시 시편을 부를 수 있기 때문다. (물론 이 때 목사는 회중이 언제 어떻게 시편 찬송을 불러야 하는지 미리 구두로 알려주거나, 주보에 나와있는 예배 순서에 이것을 표시해야 줘야 한다.) 한편 이 때 어떤 시편을 택하느냐도 중요

---

[9] 그 후 화란 개혁교회(해방)는 2006년에 174곡의 일반 찬송가를 포함한 『개혁교회 찬송가』를 발간했고, 캐나다 개혁교회는 2010년에 85곡의 찬송가를 포함한 새로운 『찬양의 책』을 발간했다-역자 주.

한 문제이다. 하나님의 인사에 대한 반응으로 적합한 시편이 한정되어 있기 때문이다.

시편 찬송으로 회중이 말씀 선포에 응답하게 하는 것도 매우 오래된 관례이다. 그러한 응답은 십계명(출애굽기 20장이나 신명기 5장)에 대해서도 가능하고 성경봉독 이 후의 순서에서도 가능하다. 시편은 언약의 노래이기 때문에 계시의 말씀에 대한 응답으로 이해되어야 한다. 하지만 모든 말씀의 선포 다음에 시편이 반드시 와야 하는 것을 규칙으로 규정지을 필요는 없다. 그러나 이러한 접근을 신앙고백에도 똑같이 적용해서는 안 된다. 왜냐하면 신앙고백은 성경봉독과 동일한 성질의 것으로 볼 수 없기 때문이다. 신앙고백을 찬송으로 부르는 것은 권장할 만하다. 왜냐하면 신앙고백은 그 자체로 언약의 말씀에 대한 언약백성들의 반응이기 때문이다.

헌금을 거두는 순간 찬양을 부르는 것이 관례로 자리잡은 교회들이 있다. 우선 우리는 우리 스스로를 바치는 순서인 헌금이 예배의 구별된 순서임을 기억해야 한다. 나는 이것이 행해지는 동안 찬양을 부르는 것이 합당하지 않다고 생각한다. 하지만 오르간 반주자가 헌금 순서 다음에 올 찬양의 도입부를 더 화려하게 가져가는 것은 전혀 문제가 되지 않는다. 또한 헌금이 거두어지는 동안 다른 곡을 연주하는 것도 가능하다. 하지만 이 경우 오르간 연주자는 자신이 고른 음악이 헌금 후에 불려질 찬양과 보조를 맞춰야 함을 기억해야 한다. 반주자는 단지 시간을 때우거나 침묵을 피하기 위해 음악을 연주하는 것이 아니라 회중의 찬송을 인도해야 하기 때문이다. 헌금과 관련해 추가적인 찬양이 있을 시에는 설교 전보다는 설교 후에 하는 것이 좋다. 헌금에 관해서는 예배 도중에 광고할 수도 있지만, 다른 광고는 가능하면 공예배 밖에서 이루어져야 한다.

아멘 찬송에 관해 말하자면, 성경봉독뿐만 아니라 설교 역시 회중에게서 반응을 끌어내야 한다. '아멘'의 역할을 하는 반응 말이다(이것에 관해서는 15장에서 더 자세히 다룰 예정이다). 마지막 찬송(폐회 찬송, 때때로 송영으로 불리기도 함)은 회중의 편에서는 예배의 결론부에 해당한다. 어떤 경우에는 이 찬송이 세례나 성찬의 도입 찬송으로 사용되기도 한다. 만일 이 순서대로 행해진다면, 예배 가운데 적어도 네 번의 회중 찬송이 있게 될 것이다. 설교 도중에 찬송(*tussenzang*)을 넣는 관례가 있는(혹은 있었던) 교회들도 있다. 그러나 이것은 장려할 만한 관례가 아니다. 하나님의 말씀 선포는 그것 자체로 하나의 순서가 되어야 한다.

찬양이 기도 앞에서 기도의 도입부 역할을 하는 것도 추천하고 싶지 않다. 찬양과 기도는 본질적으로 동일한 성격을 가지고 있기 때문이다. 이 장에서 제시된 규칙을 따른다면, 하나님의 말씀에 대한 회중의 반응으로서 찬양의 성격이 보다 명확하고 풍성히 드러날 것이다.

많은 교회들은 관례상 시편의 특정한 절(verse)만 부른다. 특히 부를 시편이 길 경우 이러한 현상이 두드러진다. 하지만 종교개혁의 시기에는 교회의 노래인 시편 전체가 회중 가운데서 불려졌음을 기억해야 한다. 예를 들면, 제네바와 로잔에서는 반 년 안에 시편 150편 전체를 불러야 하는 일정표가 있었다.[10] 회중은 예배 가운데 다섯

---
10. 하스퍼(Hasper)는 *Calvijns beginsel van de zang in de eredienst*의 두 번째 권에서 그 스케줄

번의 찬송을 불렀는데, 이는 많게는 19절에 해당하는 분량이었다.

화란의 시편 찬송 전통은 1568년에 열린 베젤 회의(convent of Wesel)의 권고에 의해 일정 부분 정해졌다. 베젤 회의는 교회가 예배 시에 불려질 시편 찬송을 미리 광고해야 한다고 권고했다. (당시에는 예배자가 주보를 받지 않았음을 기억하기 바란다.) 베젤 회의는 또한 다음과 같이 장려했다. "이것의 목적은 무엇을 부를지에 대해 미리 알고자 하는 자들로 하여금 그렇게 할 수 있도록 하는 것이다. 우리가 가장 좋다고 생각하는 방법은 시편이 처음부터 끝까지 순서대로 불려지는 것이다. 하지만 시편을 부를 순서를 결정할 자유는 각 회중에게 둔다."

자유를 강조한 것은 훌륭한 결정이었다. 하지만 이 경우 선택의 자유는 시편 전체를 부른다는 전제 하에서 주어진 것이었지, 이곳 저곳에서 선호하는 절을 아무렇게나 고르라고 주어진 것이 아니었다. 그러나 이것 역시 절대적인 규정으로 만들 필요는 없다.

18세기의 『국가공인 찬송가』(*Statenberijming*)는 다 합쳐서 1431절이나 되는 노래들을 싣고 있었다. 20세기에는 이 장황한 시편 찬송집이 좀 더 균형있고 간결하게 다듬어졌다(화란에서 최근에 나온 시편 찬송은 훨씬 더 적은 수의 절을 가지고 있다). 이러한 간소화는 시편 전체를 부르는 것을 좀 더 현실적으로 만들었기에 환영할 만한 일이다.

또한 16세기의 시편 찬송집은 절을 따로 구분하지 않았다는 점을 기억할 필요가 있다. 회중은 해당 시편이 끝날 때까지 노래를 계

을 제시하고 있다.

속 불렀다. 우리는 이 선례를 가능한 한 충실히 따라야 한다. 물론 반대하는 사람들도 있을 것이다. 그들은 아마도 긴 시편을 부를 때 오랫동안 서 있어야 한다는 점 등을 근거로 들 것이다. 하지만 시편 119편 같은 경우, 히브리어 알파벳 순서에 따라 여러 개의 부분으로 나눠서 부를 수 있으니 크게 문제되는 것은 아니다. 이 모든 논의의 핵심은 언약의 하나님께 합당한 찬양을 드리는 것이다. 여호와께서 그의 백성들의 찬양을 여전히 기뻐하고 계시지 않는가!

다시 생각하기

1. 구약 시대의 사람들은 어떻게 찬송하였는가?

2. 시편 기자들은 오직 자신만을 위해 찬송한 것일까?

3. 시편은 신약에서도 사용되었는가?

4. 고대교회에서 사람들은 어떻게 찬송하였는가?

5. '반복구'(sequence)와 틀에 박힌 '삽입구'(tropes)란 무엇인가?

6. 중세 시대에도 회중은 찬송하였는가?

7. 칼뱅은 교회 찬송을 위해 어떤 일을 하였는가?

8. 루터는 교회 찬송과 관련해 어떤 일을 하였는가?

9. 새로운 시편 찬송이 필요할까?

10. 우리의 찬송가는 얼마나 성경적인가?

11. 예배에서 찬양이 오는 위치는 어디인가?

12. 가능한 시편 찬송의 모든 절을 다 부르는 것이 바람직할까? 찬송가의 경우는 어떠한가?

제12장

교창

(번갈아 부르는 회중 찬송)

모든 회중은 동시에 찬송해야 하는가?

6장에서 우리는 예배에서 목사 외에 성경봉독자가 따로 있을 수 있음을 살펴봤다. 거기서 고려되었던 주된 반론은 하나님께서 그의 백성에게 말씀하실 때, 오직 목사만이 하나님의 대언자이기에 성경봉독자로 설 수 있다는 것이었다. 그런데 예배에 '교창'(交唱,

antiphonal singing)이 있을 수 있는가의 문제를 답하기 위해서도 가끔씩 비슷한 논리가 사용된다. 그리고 이것은 하나님께서 예배집전자(liturge, 목사를 의미)에 의해 대변되는 것에 상응해, 회중 전체가 하나님께서 목사를 통해 말씀하시는 것에 반응해야 한다는 주장으로 이어진다. 이 경우 회중의 일부분에 의해 찬양이 불려져서는 안 되고, 모든 회중이 '동시에' 화답해야 한다. 만일 그러지 못한다면, 회중의 일부는 소외되어 침묵을 지켜야 할 것이다. 회중 전체가 충분히 성숙하고 찬양할 능력이 있으며, 따라서 하나가 되어 노래해야 하는데도 불구하고 말이다.

일부는 제외되는가?

우리 스스로에게 물어보아야 할 질문은 회중의 일부가 노래할 때, 나머지는 제외되어 아무 것도 하고 있지 않는 것이 과연 옳은가 하는 것이다. 그 나머지 인원들은 마치 그들에게는 예배에 참여할 권리가 없는 것처럼 모두 소외되는 걸까? 결론부터 말하자면, 그렇게 단정지을 근거는 전혀 없다는 것이다. 회중의 일부가 찬양한다고 해서 나머지가 수동적으로 되는 것은 아니다. 오히려 노래하지 않고 있는 회중은 무엇이 노래되고 있는지에 관해 집중할 수 있는 기회를 가진다. 가사의 내용과 의미에 주의를 집중함으로써 그들은 예배의 일익을 담당하고 있는 것이다.

개혁자들이 로마교의 예배에서 사용되던 성가대에 대항해 강하게 반대의 목소리를 낸 데에는 크게 두 가지 이유가 있다. 우선적으로는 회중이 찬양할 수 있는 기회가 전혀 없다는 것이었다. 그리고 다음으로는 찬양의 가사가 일반인들이 알아들을 수 없는 라틴어로 되어 있었기 때문에 노래되고 있는 것의 내용과 의미에 집중할 수 없다는 것이었다. 바로 이것이 칼뱅이 골로새서 3장 16절의 '신령한 노래'의 의미를 주석하면서 '가사의 영적인 의미'를 강하게 강조한 이유이다. 또한 칼뱅은 경건한 자들이 그러한 노래를 통해 서로를 세워간다고도 말했다.

개혁주의 예배 원리는 일상적인 예배에서 찬양대의 가능성을 제공하지 않는다. 하지만 장로교회의 예배에는 찬양대가 있다. 특히 한국을 방문했을 때, 그 곳에서 찬양대가 장로교 예배에 적합한 기능을 훌륭하게 수행하고 있음을 보고 놀란 적이 있다. 그것은 회중의 찬송에 대단한 영향을 끼치고 있었고, 회중 찬송과 동떨어져 기능하고 있지도 않았다. 하지만 그렇다고 해서 예배에 찬양대를 사용하는 것에 대해 반대할만한 정당한 근거가 전혀 없다고 주장하는 것은 아니다. 가령 찬양대원들이 가족들과 떨어져 따로 한 자리에 앉는 것이 문제가 될 수 있다. 그보다는 주중에 함께 연습하는 회중 찬양대의 구성원들은 예배 도중 따로 떨어져 앉지 않고도 교회 전체에 매우 고무적인 영향을 줄 수 있다.

찬양대와 관련해 우리가 도달할 수 있는 결론이 예배에서 교창(交唱, antiphonal singing)이 가능한지에 관해 대답해 주지는 않을 것이다. 다만 나는 예배에서 교창이 설 자리는 충분하다고 생각한다. 이 장에서는 성경과 교회사에서 가져온 증거로 이에 대해 변호하고자 한다.

시편에 등장하는 교창

우리들 대부분은 교회 음악제의 찬양이나 캐롤로부터 교창에 꽤나 익숙하다. 때로는 여자들과 소녀들이 찬송의 한 절을 부르고, 남자들과 소년들이 그 다음 절을 부른 후 다음 절에서 다같이 만나기도 한다. 그러한 찬양은 전혀 새로운 것이 아니다. 이미 오래 전에 다윗은 아람으로부터 이렇게 찬양을 번갈아 부르는 관례를 도입시켰다. 오직 제사장들과 레위인들만 번갈아 찬양할 수 있었는지, 아니면 일반 사람들도 이 찬양에 참여했는지의 여부는 확실치 않다. 확실한 것은 이러한 교창 형식이 특정한 노래들의 내용을 강조했다는 것이다. 시편 15편, 24편, 그리고 118편 같은 찬송들이 그러한 형식을 취했다. 이에 대해 밀로(D. W. L. Milo)는 다음과 같이 말한다.

> 어떤 찬양들은 번갈아 가며 부르는 형식을 필요로 한다. 시편 15편을 생각해 보라. 첫째 연이 질문을 던진다. "여호와여 주의 장막에 머무를 자가 누구입니까?" 뒤따르는 절들은 이 질문에 대한 대답의 다양한 면들을 제시한다. 그는 "정직하게 행하는 자", "마음에 진실을 말하는 자", "그의 눈이 망령된 자를 멸시하는 자", "이자를 받으려고 돈을 꾸어주지 않는 자"이다. 여기서 첫 번째 연이 아이들이나 여인들같이 구별되는 목소리를 가진 그룹에 의해 불려지고, 나머지 절들은 회중 전체에 의해 불려지는 것을 반대할 만한 이유가 어디 있는가? 이것에 반대할 이유는 전혀 없다. 그렇다면 그것을 찬성할 이유는 무엇인가? 그것은 이 시편 전체

의 구성이 교차되는 부분들에 의해 훨씬 명확해진다는 것이다.

또한 한 가지 더 고려해야 할 것이 있다. 그것은 곧 이러한 노래가 회중으로 하여금 시편이 그들의 양심에 제기하는 질문에 더 주목하게 만들고, 이어지는 대답에도 더 주의깊게 생각하도록 만든다는 것이다. 그러면 우리는 단순히 숙고하는 말이 아니라 행동에 관해 이야기할 수 있게 된다. 찬양에 역할이 생기고, 표현되는 생각들은 만질 수 있는 실재(reality)가 된다. 결국 회중은 침묵하고 있을 때에도 사실은 행동하고 있는 것이 아니겠는가? 적어도 이런 식으로 우리의 현재 예배 양식을 변호할 수 있다.

시편 24편 3절은 우리에게 또다른 예를 제공해준다. "여호와의 산에 오를 자가 누구며 그의 거룩한 곳에 설 자가 누구인가?" 하는 질문에 "손이 깨끗하며 …" 등의 대답이 이어진다. 이처럼 분명한 질문과 대답을 찾을 수 있는 예는 앞에서 언급된 것보다 훨씬 많다.

예를 들어, 시편 52편, 58편, 74편, 106편, 그리고 121편도 이러한 범주에 속한다. 이 시들도 초반부에 질문이 제기되고 있고 뒤따르는 절에서 그에 대한 대답이 주어지고 있다.

역사적 시편

밀로(Milo)는 교창이 쓰일 수 있는 또 다른 예로 역사적 시편을 들고 있다. "역사적 시편은 이야기의 점진적인 전개로 인해 듣는 이의 관심을 끌지 못할 위험이 있다. 또한 그것의 역사적 성격 때문에 그것의 예전적 가치를 경시하는 작사가들도 있다. 하지만 그러한 시편이 교대로 불려져 대화 형식으로 들린다면, 우리의 관심을 붙잡거나 적어도 우리의 흥미를 불러 일으킬 것이다."[1]

시편 78편이나 시편 107편 등이 이 범주에 속한다. 내 생각에는 교창 형식의 사용으로 이러한 시편들이 더 '부를만한' 노래가 될 것이다.

후렴구가 포함된 시편

마지막으로 이 문맥에서 하나의 범주를 더 추가하고 싶은데, 그것은 후렴구가 포함된 시편이다. 이에 대한 명백한 예로는 "그 인자하심이 영원함이로다"가 후렴구로 등장하는 시편 136편이다. 각 절에 한 번씩 이 후렴구는 총 26번 반복되고 있다. 게르하르트(I. G. M. Gerhardt)와 판 더르 제이더(M. H. van der Zeyde)는 이 후렴구를 "그의 은혜가 영원함이로다"(*tot in eeuwigheid is Zijn genade*)로 번역한다. 그들의 번역에서 후렴구는 이탤릭체로 표시된다.[2]

이 범주에 포함되는 다른 시편들로는 시편 46편(후렴구: "만군의 여호와께서 우리와 함께 하시니 야곱의 하나님은 우리의 피난처시로다"), 시편 80편(후렴구: "하나님이여 우리를 돌이키시고 주의 얼굴빛을 비추사 우리가 구원을 얻게 하소서"), 시편 115편(후렴구: "그는 너희의 도움이시요 너희의 방패시로다"), 그리고 시편 118편(후렴구: "그의 인자하심이 영원함이로다")이 있다. 물론 이 시편들

---

1. *Zangers en Speellieden* (Goes: Oosterbaan & Le Cointre, 1946), p. 182.
2. *De Psalmen uit het Hebreeuws vertaald* (Wageningen: Veenman, 1972).

에는 이외에도 후렴구 기능을 하는 다른 주제들도 포함되어 있다.

이 시편들은 번갈아 부를 때 그 의미가 더 생생하게 드러난다. 물론 이렇게 함으로써 시편에 각운을 붙이기가 더 힘들어질 수도 있다. 심지어 어떤 작사가들은 시편 136편의 후렴구를 빼고 그 자리에 각운을 넣기도 했다. 그들은 이 후렴구가 지루하다고 생각했음이 틀림없다!

교창의 오래된 역사

교창은 최근에 일어난 문화적 경향이 아니라 역사가 오래된 전통이다. 그것은 구약의 시편 찬송뿐만 아니라 신약의 회중이 행했던 관례에서도 발견할 수 있다. 시리아의 에브라임(Ephraem the Syrian)은 교회의 찬송으로 교창 형식을 사용했는데, 이러한 찬송은 오늘날에도 시리아 교회에서 불려지고 있다.

교창 형식은 4세기 중후반 예루살렘에서도 발견된다. 에게리아 수녀(nun Egeria)가 서방에서 와서 381년과 384년 사이에 예루살렘에 머물었을 때, 그녀는 그곳에서 매일 그리고 매주 있었던 예배와 철야 기도회에서 교창이 불려지는 것을 발견했다. 그녀의 여행기에는 동이 트기도 전에 예루살렘 교회에 모였던 신자들에 관해 언급하는 대목이 있다. 서방으로 보내는 여행기에서 그녀는 다음과 같이 썼다.

> 사랑이 많은 자매들이여, 저는 여러분들이 이 거룩한 곳에서 매일 행해지는 예배에 대해 관심이 있다는 걸 알기에 그것에 관해

말하고자 합니다. '부활기념교회'(Anastasis)의 모든 문은 매일 동트기 전에 열립니다. 그리고 '수도사와 수녀들'(monazontes and parthenae)이라 불리는 사람들과 적어도 그 이른 시간에 깨어있기를 희망하는 남녀 평신도들이 이곳에 들어옵니다. 그리고 그 때부터 동이 틀 때까지 찬송, 시편, 그리고 교창(antiphons)의 후렴구를 함께 부릅니다. 각 찬양 사이에는 기도가 있습니다. 짜여진 순번대로 매일 두 세 명의 장로나 집사가 수도사들과 함께 있어 찬양과 교창 사이에 있는 기도를 올려드립니다.[3]

여기서 놀라운 것은 이 심야 예배에 성경봉독 순서가 없었고 기도와 더불어 찬양이 예배의 매우 중요한 부분을 차지했다는 것이다. '시편'과 '찬송' 이외에 '교창'(antiphon)이라는 용어에 관해서도 듣게 되는데, 이는 4세기 이후 교대로 부르는 노래를 일컫는 것으로 자리잡은 용어였다. 에게리아 수녀가 이곳에서 목격했던 찬양은 두 개의 그룹이 나눠서 불렀던 교창이었다. 그녀가 쓴 방대한 분량의 여행기에서 에게리아 수녀는 이 교창에 관해 반복해서 언급하고 있다. 이로 미루어보아 예루살렘 교회는 기회가 있을 때마다 교창 형식의 찬양을 자주 불렀던 것으로 생각된다.

교창은 예루살렘에서 시작해 서쪽으로 퍼져 나갔는데, 아마도 '거룩한 도시'를 방문한 순례객들을 통해서 그렇게 되었을 것이다. 그러한 노래는 밀란의 암브로시우스에게서, 그리고 이후에는 로마에

---

3. Egeria's Travels, *English Translation by John Wilkinson* (London: S.P.C.K., 1971), p. 123; 또한 저의 학위논문을 보기 바란다. *Annus Liturgicus?* (Goes: Oosterbaan & Le Cointre, 1975), p. 93.

서도 발견된다. 주로 선창자의 독창에 맞춰 회중이 – 아마도 그룹들로 나뉘어서 – 답창하는 형식으로 진행되었다. 4세기경에 찬양은 예배의 정형화된 부분이 아니었다. 이에 대해 웨그만(H. A. J. Wegman)은 다음과 같이 지적한다. "성가대를 위해 남겨진 노래는 없었다. 노래는 찬송과 감사의 충만한 표현이었고, 노래 안에서 언어적 표현을 할 수 있는 한 여러 형태로 존재했다. 좌우간 그 상황에서 노래는 믿음의 공동체적 표현수단이었다."[4]

종교개혁과 회중 찬송

회중 찬송을 예배 안에 포함시키려는 생각은 곧 폐기되었다. 그리고 이후 16세기에 종교개혁이 있기 전까지 회중은 예배에서 '목소리'를 되찾을 수 없었다.

교창은 루터교회에서는 활발하게 일어났지만, 개혁교회에서는 그다지 별로 두각을 나타내지 못했다. 개혁 신앙인들은 종교개혁의 시기까지 너무나 오랜기간 침묵하면서 다른 이들의 예술성을 감상해야만 했다. 그래서 그들은 회중 전체가 부르는 찬양을 – 다른 형태의 찬양에 대해서는 고려해 볼 기회가 없을 정도로 – 열정적으로 받아들였다. 나는 이 점에 관해서 우리의 관례를 다시 한 번 생각해 보기를 제안한다.

하지만 이 점에 관해 숙고하면서 과장되게 말하지 않는 것이 중요하다. 밀로는 이 점에 대해서 다음과 같이 잘 지적하고 있다. "중

---

4. *Geschiedenis van de christelijke eredienst in het westen en in het oosten* (Hilversum: Gooi en Sticht, 1976), p. 67.

요한 점은 우리가 이제부터 예배 때마다 적어도 네 번은 교창 형식으로 찬양해야 한다는 것이 아니다. … 하지만 만일 예배 중에 기회가 생긴다면 … 회중은 이 기회로부터 최상의 효과를 끌어내야 한다. … 회중 안에서 무리지어 부르는 교창은 심미주의나 역할극, 혹은 콘서트 등으로 낙인 찍혀서는 안 된다. 요점은 음악적 기교가 아니라 더 잘 이해되고 힘있게 고백되는 말씀이다. 그것은 단순하면서도 가슴에서 울려나오는 회중의 찬송으로 남아있어야 한다. 우리는 회중 가운데 선별된 자들과 노래를 잘 부르지 못하는 나머지 대다수를 구분지을 것이 아니라, 회중을 앉은 자리나 목소리의 종류 등 자연스러운 기준으로 나누어야 한다."

결론: 영원히 부를 교창

우리는 또한 성경의 마지막 책에서 발견되는 바에 주목해야 한다. 교창에 관해서 성경을 관통하는 주제가 있다. 먼저 출애굽기 15장에서 그것에 관해 들을 수 있다. 그리고 출애굽기의 교창은 요한계시록 15장에 나오는 모세와 어린 양의 노래에서 최고조에 달한다. 밀로는 다음 부분에 주목한다. "홍해에서 불려졌던 번갈아 부르는 찬송은 성전과 고대 기독교회에서도 불려졌고, 또한 어느 날 천사들이 함께한 새 예루살렘에서 다시 발견될 것이다." 그리고 나서 그는 덧붙인다. "요한계시록은 우리에게 천상에서 번갈아 찬송하는 여러 무리를 보여준다. 이십사 장로들(4:10; 11:16), 거문고를 가진 네 생물과 이십사 장로들(5:8), 네 생물(4:8), 많은 수의 천사들(5:11), 모든 피조물(5:13), 아무도 능히 셀 수 없는 허다한 무리(7:9;

19:1), 거문고를 타는 십사만 사천(14:2–3), 그리고 모세의 노래를 부르는 이긴 자들이 곧 그들이다(15:3)."[5]

나는 오래 전에 성경과 역사적 기록을 둘다 살펴본 후, 박사학위 논문을 제출하고 이를 디펜스하면서 다음과 같이 주장했다. "번갈아 부르는 찬송은 개혁교회의 예배 성격과 충돌되는 점이 없다." 나는 지금도 그 주장을 고수하고 있다. 내가 강조하고 싶은 것은 그것이 뭔가 새로운 시도를 향한 요구나 갈망에서 비롯된 것이 아니라는 점이다. 또한 나는 교창이 회중으로 하여금 활기를 가지고 능동적으로 예배에 참여하게 만든다는 것을 확신한다. 하나님의 영광과 관련된 예배의 소중한 성격은 우리의 지속적인 관심과 논의를 바칠 만한 충분한 가치가 있지 않겠는가!

---

5. *Zangers en Speellieden*, pp. 183,184.

다시 생각하기

1. 교창에서 노래하지 않는 일부는 찬송에서 소외되는 것인가?

2. 교창이 구약에도 나올까?

3. 후렴이 있는 시편이 있는가?

4. 4세기에도 교창으로 찬송했는가?

5. 이러한 교창은 요한계시록에서도 나타나는가?

6. 교창은 개혁주의 예배와 상충되는가?

7. 교창에 찬양대도 참가할 수 있을까?

제13장

오르간 반주자의 봉사

우상숭배?

한 때는 예배에서 오르간을 사용하는 것을 우상숭배로 여겼던 때가 있었다. 그 때 오르간은 악마로부터 나온 악기, 혹은 '어둠의 제왕이 만든 발명품'이라고 여겨졌다. 누구든 오르간 사용을 주장하는 자는 우상에 절하는 사람으로 지목되기 쉽상이었다.

한편 어떤 사람들은 16세기 종교개혁 시기의 사람들, 특히 칼뱅이 예배에서 오르간을 사용하는 것을 반대했다고 주장한다. 하지만 그러한 주장은 오해에서 비롯된 것이다. 그렇게 주장하는 사람들은 종교개혁의 시기에 오르간이 본질적으로 어떤 역할을 했는지 알지 못하기 때문이다. 그것은 실제로 교회의 찬양에 맞춰 반주하는 것이었다. (하지만 당시에는 오르간으로 세속적인 음악을 많이 연주했던 것도 사실이다.) 로마 가톨릭에서는 토마스 아퀴나스(1225-74)를 비롯해 지도적인 역할을 하던 신학자들이 오르간의 사용을 반대했다. 그 중에서도 철학자이자 신학자였던 아퀴나스의 영향력과 권위가 매우 컸기에, 그의 말은 수 세기에 걸쳐 오르간 사용에 관한 의문점들을 잠재우기에 충분했다.

위대한 오르간 연주자 스벨링크(Jan Pieterszoon Sweelinck, 1562-1621)는 암스테르담에서 그의 전 생애동안 단 한곡의 시편도 반주하지 않았다. 시편 찬송을 반주한다는 생각은 당시의 화란 사람들에게 낯선 것이었기 때문이다. 잘 알려진 신학자 푸치우스(Voetius, 1589-1676) 역시 교회에서의 오르간 사용을 반대했다. 오르간 사용에 긍정적인 목소리를 내기 시작한 사람은 콘스탄틴 하위헌스(Constantin Huygens, 1596-1687)였는데, 하위헌스 이후부터 오르간에 대한 사람들의 태도가 많이 바뀌었고, 교회에서의 오르간 사용도 늘어나게 되었다.[1] 하지만 하위헌스 역시 오르간의 '덕을 끼치지 못하는' 사용에 대해 언급했고, '세속적 오락'을 위한 사용을 경계했다.

---

1. 이에 관해서는 그의 책 *Gebruyck of Ongebruyck van't Orgel in de Kercken der Vereenighde Nederlanden* (reprinted according to the original edition of 1641, Amsterdam/London, 1974) 참조.

스코틀랜드나 북아일랜드, 그리고 미국의 칼뱅주의 교회 가운데는 아직도 예배에 오르간을 사용하지 않는 교회들이 있다. 하지만 화란 개혁교회에서 이것은 이미 역사의 뒤안길로 사라진 논쟁이다. 오르간과 오르간 반주자는 우리의 예배에서 중요한 역할을 담당하고 있다.

오르간 반주자의 믿음

아브라함 카이퍼는 예배에 관한 그의 책에서 시온의 '온전한 아름다움'을 노래하는 시편 50편을 자주 인용하며 이렇게 말한다.

성전은 이스라엘 앞에서 온전한 아름다움으로 서 있었다. 솔로몬이 그의 성전 건축에 착수해 이스라엘 안에서 그 일을 '아름다운' 방법으로 수행할 수 있는 건축자를 찾지 못했을 때, 그는 "그렇다면 결함있는 방식으로라도 그것이 행해져야 할 것이다. 하지만 어찌되었건 유대인이 그 일을 맡아서 하도록 하라."라고 말하지 않았다. 오히려 그는 이방 땅 히람에 사람을 보내어 심미적, 예술적 기준에 따라 그것을 만들 능력이 있는 사람을 찾았고, 그렇게 해서 이방인 건축자가 여호와의 성전을 짓는 것을 허락했다. 우리가 성막의 외관과 기구들이 어떻게 갖춰졌는지를 생각해본다면, 솔로몬이 여기서 길을 잃은 것이 아니라 하나님의 규례와 일치하게 행하고 있다는 것이 명확해질 것이다. 하나님의 영께서도 직접 브살렐과 오홀리압에게 필요한 예술적 감각과 미적 취향을 주셔서(출 35:30절 이하), 성막의 준비가 그릇(utensil)과 같은 가

장 작은 부분에 이르기까지 철저히 미(美)의 법칙에 의해 다스려 지도록 한 것이다.[2]

카이퍼의 결론은 만일 어떤 지역 교회의 회중 가운데 마땅한 교회 건축가가 없다면 외부에서 좋은 건축가를 모셔오는데 반대해서는 안 된다는 것이었다. 그렇다면 카이퍼가 오르간 반주자를 초빙하는 문제에 관해서도 동일하게 생각했다고 예상할 수 있지 않을까? 오르간 연주자는 예술적인 일을 담당해야 하므로, 만일 한 교회의 회중 가운데 그 예술적 요구에 부합하는 사람이 없다면 교회 밖에서 다른 사람을 초빙해야 하는 것이 아닐까? 하지만 카이퍼는 그러한 방향으로 나아가길 거부했다. 그는 해당 교회 안의 형제, 자매들 가운데서 오르간 연주자를 찾아야 한다고 주장했다. 또한 오르간 연주자가 흡사 종이나 하인과 같은 대우를 받아서는 안 된다는 의견을 덧붙였다.

카이퍼의 요점은 예배에서 우리의 일차적인 관심이 거룩(holiness)이지 아름다움(beauty)이 아니라는 것이다. 예배는 성도(홀로 동떨어져 있는 자들이 아닌 하나님의 거룩한 백성들)의 교제이기 때문에 거룩이 가장 먼저 와야 한다. 이와 관련해 밀로(D.W.L. Milo)는 다음과 같이 쓴다.

이 (오르간 반주자의) 자리를 불신자에게 맡기는 것은 합당하지 않다. 그는 최고의 찬양자들을 믿음의 영역으로 인도하지 못하고,

---

2. *Onze Eeredienst*, pp. 75, 76.

단지 미적 영역으로만 끌고 갈 것이기 때문이다. 심지어 그러한 노래 인도자는 오히려 찬양자들의 발목을 잡을 수도 있다. 그는 회중과 하나님의 거룩한 만남에 있어 방해물이 될 것이다.

또한 밀로는 여기서 한 걸음 더 나아간다.

하지만 오르간 반주자가 교회의 고백 회원이라 할지라도, 그가 스스로 활기찬 신앙 생활을 할 때에만 그의 직무를 합당히 행할 수 있을 것이다. … 만일 오르간 반주자가 문자적으로든 상징적으로든 회중을 '위에서' 낮춰 보고, 예컨데 "그들이 오늘은 찬송을 잘 부르고 있군" 혹은 "그들은 이 곡을 몰라" 혹은 "그들이 이 목사를 좋아하는군" 따위의 말을 하고 있다면, 그 스스로 회중으로부터 자신을 단절시키고 떠돌아다니는 양이 되는 것이다. 그러한 예술적인 영혼은 – 부분적으로는 이해의 부족때문에 – 주관주의에 함몰될 위험이 있다. 때문에 오르간 반주자를 커튼 뒤에 격리시키는 것은 위험하다. 그렇게 될 경우 그는 성도의 교제를 제대로 경험할 수 없을 것이다. 따라서 때로는 회중과 함께하는 (meeleven) 오르간 반주자가 다른 예배자들 사이에 끼여서 그들과 함께 찬양을 부르도록 하는 것이 좋을 것이다.
하지만 오르간 반주자가 자신의 신앙에 있어 후퇴하지 않도록 하는 것으로는 충분하지 않다. … 결국 그가 말씀을 따라 반주하는 것은 하나의 예언하는(prophesying) 행위이기 때문이다. 그는 각운을 가진 시편 찬송을 가능한 한 많이 기억하고 있어야 하고, 광범위한 성경 지식을 갖추고 있어야 한다. 뿐만 아니라 그는 교회의 찬송이 가지는 영적 의미와 그것의 내용을 감각으로 느낄 수 있어야 하며, … 그리고 나서 이 모든 감각을 다른 사람들에게 전달할 수 있어야 한다. 그의 연주가 덕스럽지 못한(unedifying) 가르침을 피하는 것으로 만족하는 것이 아니라, 오히려 그것이 적극적으로 기능하여 덕을 세우는(edifying) 것이 되어야 하고, 또한 하나님의 영광과 회중의 안녕에 기여해야 한다.

오르간 반주자를 특별한 직분자(special office-bearer)에 포함시키지 않을지라도, 우리는 적어도 그가 영적으로 건강해야 하고 그의 신앙을 증진시킬 수 있어야 한다고 말할 수 있다. 비틀거리는 신앙생활을 하거나, 성례에 무관심하거나, 혹은 만성적으로 의심가운데 허우적거리고 있는 오르간 반주자는 최고의 찬양 인도자로서 회중을 섬기기에 합당치 않다.[3]

오르간 반주자의 예술적 역량

오르간 반주자와 관련해 가장 먼저 살펴본 것은 그가 참된 신앙인이어야 한다는 것이었다. 그렇지 않으면 그는 예배에서 그의 역할을 제대로 감당할 수 없을 것이다. 하지만 오르간 반주자의 영적인 성향이 가장 우선한다는 말이 그의 예술적 능력이 부족해도 된다는 말은 아니다. 믿음은 오르간 반주자가 되기 위한 필요조건이지만, 충분조건은 아니다. 오르간 반주자에게는 재능과 능력도 함께

---

3. *Zangers en Speellieden*, p. 217.

있어야 한다.

성막을 만들 때, 하나님께서는 그의 영을 사람들에게 주어 그들로 하여금 적절한 형태를 고안하게 하셨다. "브살렐과 오홀리압과 및 마음이 지혜로운 사람 곧 여호와께서 지혜와 총명을 부으사 성소에 쓸 모든 일을 할 줄 알게 하신 자들은 모두 여호와께서 명령하신 대로 할 것이니라"(출 36:1). 역대상에서는 '여호와 찬송하기를 배운 형제들'이 그것에 '익숙했음'을 알게 된다(대상 25:7). 이러한 구절들은 오르간 반주자의 예술적 역량이 최소한의 기본만 갖춘 수준이 아니라 최고를 향해 나아가야 하는 것임을 말해준다. 그리스도께서 우리에게 최고의 것을 요구하시기에, 우리가 가진 최선의 것에 만족하려 해서는 안 된다.

따라서 오르간 반주자는 예술가가 되어야 한다. 교회의 회의는 회중의 찬송에 관해 예리한 감각을 지니고 있고, 또한 그 찬송을 뒷받침하는 실력을 갖춘 형제나 자매를 반주자로 임명해야 한다. 그러한 능력은 타고나는 것이 아니다. 창조주로부터 받은 재능이 필요하겠지만, 그 재능을 끊임없이 개발하려는 노력도 필요하다.

오르간 반주자의 훈련

모든 교회 건물들이 제대로 된 기계식 오르간을 보유하고 있는 것은 아니다. 많은 교회들은 여전히 (사실 오르간이라 부를 수도 없는) 전자 오르간으로 만족하고 있다.

하지만 여기서 내가 하고자 하는 논의는 오르간 반주자가 좋은 오르간을 임의로 사용할 수 있는 상황을 전제로 한다. 우리 가운데 오르간 연주를 직업으로 삼는 사람들을 찾는 것은 최고 등급의 교회 오르간을 찾는 것보다 더 어려운 일이다. 그러므로 우리는 우리 옆에 있는 오르간 반주자들을 잘 돌봐야 한다. 그런데 안타깝게도 시간이 지나면서 많은 오르간 반주자들이 교회를 떠나게 되었다. 이는 반주자들 스스로에게도 어느 정도 책임이 있다. 질이 떨어지는 개혁교회의 오르간과 개혁교회가 아닌 교회의 좋은 오르간 사이에서 (후자를) 결정해야 했을 때 그들의 믿음은 어디에 있었을까? 그러한 상황에서 나타나는 결정은 평소의 믿음에 기반을 두고 있음이 틀림없다.

얼마나 많은 전문적인 오르간 반주자들이 결국엔 그들의 교회 회원권과 그들의 신앙 자체를 포기하는 자리를 받아들였는가? 하지만 동시에 나는 묻고 싶다. "우리가 그 재능있는 연주자들의 처지를 제대로 이해하기는 했는가?" 나는 그들에 대한 재정적인 지원을 이야기하는 것이 아니다 – 이에 관해서는 조금 후에 다룰 것이다. 또한 나는 묻고 싶다. "그러한 오르간 반주자들이 어떤 오해 가운데서 일하지는 않았을까?" "우리는 그들의 음악에 대해 충분히 감사를 표시했는가?" "혹 정당치 못한 이유로 그들을 외롭게 만들지는 않았는가?"

오르간 반주자가 되길 원하는 사람에게는 공식적인 훈련이 꼭 필요하며, 우리는 되도록 그러한 훈련을 환영해야 한다. 한편 유능한 반주자는 교회에서 그의 기술을 자랑하지 않도록 주의해야 하고, 회중은 반주자가 새로운 시도를 하는 것에 대해 너무 급히 판단하거나 그의 '현대적인' 연주에 대해 차가운 태도로 일관하는 것을 삼가야 한다.

   또한 오르간 반주의 수준을 너무 낮게 잡지 않는 것이 중요하다. 사전에 충분한 경험을 하지 않은 사람이 한 두 해의 연습만으로 제대로 된 교회 반주자가 될 수는 없다. 더군다나 이 모든 공부를 여가 시간에 해야 하는 경우라면, 숙련되기까지 적어도 5년의 시간은 걸릴 것이다.

   오르간을 전공하는 사람들은 여러 번의 비교 평가를 거치는데, 이 시험들은 결코 쉽게 통과할 수 있는 수준이 아니다. 이 시험에 통과하는지 여부는 상당 부분 가르치는 자의 기술 전수에 달려 있다. 우리는 학생들이 이런 전문적인 과정 안에서 오르간을 배울 수 있도록 격려하기 위해 최선을 다해야 한다. 그들은 텔레비전과 같은 현대의 통신 수단이 엄격함과 절제, 그리고 고된 노력으로부터 그들을 점점 떼어놓고 있는 시대에 살고 있다. 따라서 우리는 미래의 오르간 반주자가 거실의 편안한 의자에 앉아 세상에 수동적으로 동화되어 가는 것을 경계해야 할 것이다.

   특히 젊은 사람들이 활기와 창의력을 기를 수 있도록 격려하는 것이 중요하다. 최근의 길어진 여가 시간을 이용해 그들이 오르간이나 피아노 수업을 제대로 받을 수 있도록 격려해야 할 것이다. 회중 가운데서 오르간 반주자 한 사람을 찾을 수 없어 곤경에 빠진 목사를 한 번 상상해 보라. 어쩌면 그는 하모니카 연주자에게 본인의 의지와는 상관없이 오르간에 앉도록 부탁해야 할지도 모른다. 하지만 그럴 경우 이 초심자가 첫 주일에 페달을 현란하게 밟아야 하는 곡을 반주하는 장면을 기대할 수 있겠는가?

제대로 된 오르간 반주자를 뽑기 위해 오디션을 거치는 것도 필수적이다. 오르간 위원회는 여러 명의 서투른 지원자 가운데 그나마 가장 나은 한 사람을 뽑는데 만족해서는 안 된다. 필요하다면 후보자들 중 적합한 사람이 아무도 없다고 단호하게 말하고, 계속해서 더욱 열심히 연습할 것을 요청해야 할 것이다. (만약 그런 상황이 닥친다면, 누군가가 임시로 그 자리를 맡아야 할 것이다.)

오르간 반주자는 회중의 찬송을 반주하는 것이 어떤 의미인지를 알아야 한다. 달리 말하자면, 그는 정신적으로나 정서적으로 자기 자신을 시편의 선율에 맡길 수 있어야 하고, 시편 찬송이나 찬송가의 음계에 매우 익숙해야 한다. 이에 대해 하스퍼(H. Hasper)는 다음과 같이 말했다. "찬송을 반주하는 것은 누군가와 함께 가고, 그의 일행이 되는 것과 같다. 앞서 가서 누군가를 끌고 가서도 안 되고 뒤처져서 그를 따라가서도 안 된다. 그것은 함께 움직임으로써 그가 있는 그곳에 있는 것이고, 그를 시야에서 놓쳐버리지 않는 것이다. 그리고 필요하다면 그가 함께 있다는 확신 가운데 안정감을 가지고 쉴 수 있게끔 그를 돕는 것이다." 또한 하스퍼는 만일 오르간 반주자가 찬양 가운데 회중과 동행하고 그들을 뒷받침하는 것 외에 다른 어떤 것을 시도한다면, 그는 자신의 본분을 망각하고 있는 것이라고 덧붙인다.[4]

---

4. *Een Reformatorisch Kerkboek* (Leeuwarden: Jongbloed, 1941), p. 140.

오르간 반주자에 대한 보상

유능한 오르간 반주자의 봉사를 받고 있는 회중은 그에 대해 합당한 보상을 지불해야 한다. 곧 경제적인 보상과 합당한 사례비를 지급해야 한다. 사례비(honoraria)라는 용어는 돈을 일컫는 정중한 표현이지만, 이는 또한 우리에게 반주자의 봉사가 존경을 받아 마땅한 것임을 상기시켜 주기도 한다.

마이더바이크(P. Mijderwijk)는 다음과 같은 간결한 시로 충분한 대우를 받지 못하는 반주자에 대한 불만을 토로했다.

> 목사와 반주자를 위한 지침이 적힌
> 메모지를 충실히 가져다주는 관리인에 비해
> 오르간 반주자는 으레 너무나도 적게 받는다네
> 그가 명예로운 직무를 가졌기에 그는 그의 지평을 넓히네
> 그가 가진 가장 좋은 바지를 입고
> 낡아빠진 의자에 앉아 있으면서도.[5]

이 시는 수십 년 전 우리가 오늘날 누리고 있는 번영을 누리지 못하던 시기를 배경으로 하고 있다. 내가 생각하기에 그때 이래로 목사의 사례를 늘이기 위해서는 많은 것들이 행해졌다. 또한 대부분의 경우 교회 관리인의 사례도 좀 더 적절한 수준으로 증가했다. 하지만 오르간 반주자의 사례는 어떠한가?

---

5. "Naast de dominee, de koster, / die trouw 't orgelbriefje haalt, / Wordt de organist gewoonlijk / jiet of veel te laag betaald, / Want hij heeft een erefunctie, / het verwijdt zijn horizon, / Met het doorgesleten zitvlak / van zijn beste pantalon."

나는 많은 경우 오르간 반주자의 사례가 그가 주중에 일하지 못한 부분을 채우는 정도에 그치는 것에 대해 유감스럽게 생각한다. 그의 사례는 그가 주중에 그의 직업으로(예를 들면, 결혼식 연주로) 벌어들일 수 있었던 손실 임금(lost wage) 만큼만 계산된다. 더군다나 그 사례조차 그것 없이는 오르간 반주자를 아예 구할 수 없기 때문에 억지로 지불되는 경우가 많다.

몇몇 사람들은 오르간 반주자가 사례금을 받아야 한다는 제안에 대해 불편하게 생각하기도 한다. 그들은 종종 "반주는 사랑으로 하는 봉사 아닌가?"라고 묻는다. 또한 어떤 사람들은 이렇게 덧붙인다. "그는 헌금 바구니에 아무 것도 안 넣어도 되지 않는가?" 또한 오르간 반주자들이 장로나 집사같은 교회의 직분자들과 비교되기도 하는가 하면, 대부분의 경우 그들이 연습을 위해 바치는 것은 그들의 여가 시간이라는 점이 지적되기도 한다. 그렇다면 그들의 봉사는 정말로 사례를 받지 않아도 되는 사랑의 봉사일까?

나는 우선 그에 대한 대답으로 교회에서 행해지는 모든 일이 사랑의 봉사라는 사실을 지적하고 싶다. 교회 안에서 일어나는 모든 일은 사랑의 동기에서 기인하고 사랑의 정신 안에서 행해져야 한다. 그런데 그럴 경우 사람들이 교회에 투자하는 모든 시간에 대해 사례를 주는 것은 불가능할 뿐만 아니라 그렇게 하기를 진지하게 제안하는 사람도 없을 것이다.

하지만 만일 한 장로가 교회 일로 인해 그의 일상에서 벗어나야 하는 경우라면(총회나 노회 참석), 그의 수입의 손실분에 대해 대가를 지불하는 것이 가능해야 한다. 나는 심지어 장로들과 집사들이 그들의 직분을 수행하는데 도움되는 책이나 읽을 거리를 사는데 필요한 돈도 지원받아야 한다고 생각한다. 그들이 시대의 영을 분별하고, 늘 깨어있어 심방에 최선을 다하기 위해서는 독서에 힘쓰고 필요하다면 멀리서 열리는 컨퍼런스나 워크샵에도 참여해야 할 것이다. 이런 일들을 하기 위해서는 돈이 필요하다. 그들이 이러한 돈을 스스로 지불하도록 해서는 안 된다.

비슷한 논리가 오르간 반주자의 상황에도 적용될 수 있다. 최소한 우리는 그들이 새로운 영감으로 충만할 수 있도록 해야 한다. 그러기 위해서는 직무를 수행하는데 도움이 되는 책이나 음반을 부담 없이 살 수 있도록 그들을 재정적으로 지원해야 할 것이다. 우리는 그들 스스로 도움을 청할 때까지 기다려서는 안 된다.

오르간 반주자는 사랑 안에서 자신의 재능을 공동체의 유익을 위해 내놓는다. 하지만 그의 칭찬할 만한 동기는 필수불가결한 노력과 시간, 그리고 재정의 투자로 이어져야 한다. 그는 회중이 너무 자주 들었던 익숙한 곡들에만 의지하지 않도록 새로운 곡들을 공부하고, 레퍼토리를 다양화하기 위해 연습해야 할 것이다. 그러기 위해서는 책과 음반, 기타 필요한 곳에 지출할 돈이 필요하다.

만일 오르간 반주자가 오르간 분야에 전문적인 직업을 가지고 있다면, 이 문제는 훨씬 더 긴박해진다. 나는 고정된 규칙을 내놓고자 하는 것이 아니다. 다만 적어도 그의 봉사에 대한 진실된 감사가 드러날 정도로 충분한 사례를 지급하기를 요청할 뿐이다. 설령 그가 교회 안에서 전임 사역을 하지 않는다 할지라도 말이다.

사례를 지급한다고 해서 그들의 봉사가 '사랑의 봉사'가 아닌 게

될 것이라고 걱정할 필요는 없다. 이 점에 관해 밀로가 잘 지적한다.

> 오르간 반주자들이 교회의 음악적 판단력을 잘 형성시킨다면, 돈의 노예나 탐욕스러운 사람들이 발붙일 자리는 없다. 대신 우리는 회중을 힘있는 교회의 찬송으로 일깨우는 교회 구성원들을 가지게 될 것이다. 그들은 내재적 예술성만을 기초로 봉사하는 것이 아니라 그 분야에 관한 철두철미한 공부와 상당한 희생을 바쳐왔다. ⋯ 진실로 그들의 사역이 '사랑의 봉사'로서 가지는 성격은 그들이 사례를 받는다고 해서 없어지는 것이 아니다.

그는 또한 각주에서 다음과 같이 덧붙인다.

> 노래하고 악기를 연주하는 레위사람들과의 비교가 부분적으로 유효하다 할지라도(레위인들이 영적인 직분을 가지고 있었기 때문에), 하나님의 명령에 따라 레위인들이 어떤 예우를 받았는지 주목할 가치가 있다. 회막에서 일한 그들의 보수로 십일조가 그들에게 돌려졌다(민 18:31). 또한 그들은 주야로 자기 직분에 전념하였기에 다른 일은 하지 않았다(대상 9:33). 레위인들을 저버려서는 안되었는데(신 12:19), 그럼에도 불구하고 나중에 사람들이 그들을 저버렸을 때, 느헤미야는 민장들을 꾸짖을 수밖에 없었다. 그 직무를 행하는 레위 사람들과 노래하는 자들이 각각 자기 밭으로 도망감으로써 하나님의 전이 버림을 받았기 때문이다(느 13:10-11). 하지만 ⋯ 우리가 여기서도 여전히 사랑의 봉사를

이야기할 수 있다는 것을 부정하는 사람은 아무도 없을 것이다.

오르간 반주자의 권리

오르간 반주자에게는 높은 기준이 요구된다(또한 그렇게 되어야 한다). 그는 그의 기여가 예배 전반에 있어 매우 중요한 것임을 자각하고 있어야 한다. 그러므로 그는 오르간의 상태에 대해 스스로 책임져야 한다. 이러한 측면에서 고귀한 자리는 의무를 수반한다는 뜻의 프랑스 격언 '노블레스 오블리주'(Noblesse oblige)를 떠올릴 수 있다. 만일 반주자가 오르간에 어떤 결함이나 부족한 점이 있음을 발견한다면, 그는 그 사실을 교회에 알려야 한다. 그는 그가 다루는 악기에 대해 잘 알아야 하고 그것의 결점에 특별한 관심을 쏟아야 한다.

오르간 반주자의 권리는 오르간에 관련된 문제가 발생할 때에도 존중되어야 한다. 그에게 발언권을 주지 않은 상태에서는 오르간에 관해 아무런 결정도 내려서는 안 된다. 그리고 만일 반주자가 한 명 이상이라면, 다른 반주자들과도 이 문제에 대해 상의해야 한다. 특히 교회의 회의에서 오르간에 관련된 문제가 논의될 때 이 점을 꼭 기억해야 한다. 어떤 교회의 회의에서라도 오르간에 관련된 기술적인 문제를 그것의 연주자가 제공하는 충고를 무시하고 결정할 수는 없다!

주일에 그의 임무를 잘 수행하기 위해서 오르간 반주자는 주중에도 연습해야 한다. 그의 연습시간은 토요일 저녁으로 한정되어서는 안 된다. (아마도 많은 반주자들이 그렇게 하는 이유가 목사가 주일에 어떤 시편과 찬송가를 부를지 미리 알려주지 않아서일 것이다.) 반주자가 적절한 연습 시간을 가지기 위해서는 한 주 내내 그가 연습할 수 있는 환경이 갖춰져야 한다. 이것은 곧 그가 당회와 위원회, 그리고 관리인과 좋은 관계를 가지고 있어야 한다는 뜻이다.

반주자는 또한 오르간 강습으로 다른 이들을 가리칠 수 있는 기회를 많이 가져야 하는데, 이는 교회가 다가올 세대의 반주자를 미리 준비시켜야 하기 때문이다. 그리고 미래의 반주자를 훈련시킴에 있어서 우리는 전자 오르간이나 다른 최근의 대체물들에 의존해서는 안 된다. 그것들은 제대로 된 교회 오르간의 자리를 결코 대체할 수 없기 때문이다. 그리고 만일 교회가 좋은 오르간을 보유하고 있다면, 그것은 많은 사람들에 의해 수시로 사용되어야 한다. 교회 회의가 사람들이 오르간을 사용하는 것에 대해 인색한 결정을 내리지 않도록 하자! 몇몇 사람들은 그렇게 하면 오르간이 빨리 상한다고 생각하지만 그렇지 않다. 오히려 그 반대이다. 오르간은 충분히 사용되지 않을 때 쇠퇴하는 것이다!

내가 흐로닝겐에서 어린 시절을 보낼 때, 반주자 후보생들은 일주일에 1시간만 교회 오르간에서 연습할 수 있었다. 그 때는 2차 세계대전이 일어났고 전기도 부족했기 때문에 그럴 수밖에 없었다. 하지만 전쟁이 끝난 후에는 심각한 필요에 의해서 행해지던 관례가 갑자기 미덕으로 둔갑할 수 없다는 점을 확실히 하기 위해 싸워야 했다. 때로는 관리인이 오르간의 리드 음전을 너무 많이 쓰는 사람들에 대해 불평을 늘어놓기도 했다. 그의 불만은 그가 이 '소음'때문에 자신의 진공청소기 소리를 들을 수 없다는 것이었다!

오르간 반주자와 목사

내가 좀 예외적인 목사였을 수도 있겠지만 나는 주일 예배의 예전이 왜 번번히 토요일 늦은 오후에야 준비되는지 잘 이해하지 못했다. 많은 관리인들이 토요일만 되면 목사에게 전화해 예배에 쓰일 찬송들을 안내하는 간판에 무엇을 써 넣어야 할지 물어보곤 했다. 어떤 목사들은 아마 '예전의 신비'가 최후의 일각까지 감춰져 있어야 한다고 생각할지도 모른다.

하지만 그러한 접근은 잘못이다. 예배를 위한 준비는 사전에 있어야만 한다. 이는 목사에게만 해당하는 말이 아니라 관리인과 오르간 반주자에게도 해당한다. 나는 더 나아가 회중도 역시 예배를 위해 준비해야 한다고 생각한다. 가장 이상적인 상황은 목사가 교회 주보에 다음 주일 설교 본문과 주제, 그리고 그 예배를 위한 예전도 올려놓는 것이다. 그렇게 된다면 모든 회중이 다음 주일을 기대하게 되고 또한 그에 맞는 합당한 준비를 할 수 있을 것이다.

하지만 이러한 선견지명은 특히 오르간 반주자에게 큰 도움이 된다. 그가 예배를 위해 준비할 충분한 시간을 확보할 수 있기 때문이다. 그는 아마 예배의 전후로 어떤 곡을 연주할지 고민해볼 것이고, 나아가 헌금 시간에 코랄 전주곡(chorale prelude)을 연주할 수도 있을 것이다. 한편 그가 전주곡이나 후주곡을 고를 때 그것이 항상 시편 찬송이나 찬송가의 변주가 될 필요는 없다. 다만 예배의 주제와 연관된 곡을 선택하는 것으로 충분하다. 하지만 이 모든 것을 하기 위해서 그는 예배 당일에 부를 찬송가 목록보다 더 많은 정보가 필요하다. 목사는 그에게 봉독할 성경구절과 설교의 제목도 알려줘야 한다. 이러한 규칙은 장로가 타 교회 목사의 설교를 대독(代讀)하는 예배에서도 마찬가지로 적용된다. 설교를 대독할 장로와 오르간 반주자가 사전에 연락을 취하지 않을 이유가 전혀 없다.

나는 목사와 오르간 반주자 사이에 정기적인 연락이 있어야 한다고 생각한다. 판 더르 레이우(Gerardus van der Leeuw)는 언젠가 "예전을 위한 오르간 반주자의 십계명"이라는 글을 쓴 적이 있다. 그 규칙들을 일일이 여기에 다 열거하지는 않겠지만, 그 중 두 가지에 관해서는 언급하고자 한다. 그의 일곱 번째 계명은 다음과 같다. "당신은 각 예배를 위해 신중하게 준비하고 예배의 구체적인 부분들을 미리 연구하라." 그리고 그가 말한 열 번째 계명은 이러하다. "당신은 회중들과 자주 연락을 취해야 하고 또한 목사와도 정기적인 의논을 해야 한다. 설령 사람들이 당신에게 먼저 다가오지 않더라도, 당신은 늘 마음을 열고 그들과 의논할 자세를 갖추어야 한다. 또한 당신 스스로를 겸손하게 낮추고 예배를 인도할 책임이 있는 말씀의 종에게 순종하라. 하지만 예배에서 사용될 음악의 가치에 관해서라면, 목사의 의견이라 할지라도 단호히 반대할 수 있어야 한다."[6]

오르간 반주자의 직분?

이 점에서 우리는 판 더르 레이우로부터 배울 부분이 있다. 하지만 나는 오르간 반주자라는 자리가 '특별한 직분'(special office)이 되

---

6. *Liturgische kennis voor den organist* (Arnhem: S. Gouda Quint – D. Brouwer & Zoon Uitgeverij, 1944), p. 38.

어야 한다는 그의 주장에는 동의할 수 없다. 베스뜨라(Evert Westra)는 말하기를, 2차 세계대전 이후에 네덜란드 교회에서는 반주자 겸 선창자(organist–cantor) 역할을 하는 사람들이 등장했다고 한다. 그는 이 새로운 인물들을 '교사 겸 선창자의 후예', 혹은 "로마 가톨릭의 '지휘자 겸 연주자' 역할을 하는 새로 발견된 직분자 형제" 등으로 묘사했다.[7]

확실히 이 방향은 개혁주의 예배가 나아갈 방향은 아니다. 주님께서는 성도를 완전하게 하기 위해 교회에 항존직을 주셨다. 그리고 신적으로 임영된 직분에 인간의 필요에 의해 만들어낸 역할이 비집고 들어올 틈은 없다. 교회에 필요한 활동이라 해서 그것을 함부로 항존직으로 만들어 버린다면, 이는 주님의 뜻을 거스르는 일일 뿐만 아니라, 이로 인해 교회에 심각한 혼란을 초래할 것이다.

오르간 반주자에 관해 이야기할 때도 마찬가지이다. 나는 그의 봉사를 충분히 인정하지 않을 위험에 대해 여러 번 이야기했다. 하지만 그렇다고 해서 그를 과한 권위를 가진 영적 지도자로 세워서도 안 된다. 그렇게 된다면 결과적으로 예전에 있어 균형잡힌 시각을 잃어버리게 될 것이다. 그가 단지 예배를 '돕는'(helping) 기능을 한다고 말한다면 언짢아 할 사람들이 있을지 모르겠지만, 그럼에도 불구하고 나는 '도움'이라는 단어가 그의 역할을 가장 잘 설명한다고 생각한다. 오르간 반주는 회중의 찬송을 '돕는' 행위이지 회중의 자리를 대신하는 행위가 아니다.

판 롱언 목사(G. van Rongen)는 오르간을 '단지 찬송을 도와주는

---

[7]. 그의 책 *Uit Sions Zalen* (Baarn, 1966) 참조.

아름다운 악기'라고 부른다. 나아가 그는 다음과 같이 주장한다. "그것은 오직 도움을 주는 역할을 할 뿐이다. 오르간은 회중의 아름다운 찬송이 영광스런 천국에 닿을 때에만 그 진가를 발휘한다. … 창조 시에 천사들이 불렀던 찬송보다도 더 아름다운 것은 매주 회중들이 그리스도의 구속을 입은 신부로 모여서 부르는 찬송이다. 동시에 그 찬송은 우리로 하여금 모든 것이 완전해지고 피조 세계가 주님 앞에서 열린 책으로 드러날 때 불려질 찬송을 미리 맛볼 수 있게 해준다. 예배에서 오르간의 역할은 이 찬송을 지원하고 장식하는 것이다."[8]

요약하자면, 오르간 반주자라는 새로운 직분이 생겨야 하는 것은 아니다. 하지만 그에게는 특별한 임무, 곧 돕는 임무가 있다. 그러기에 오르간 반주자는 믿음이 좋아야 한다. 오르간 반주자로 봉사하는 것은 교회에서 예술을 사랑하는 사람들이 자기 안에 있는 종교적 감정을 이끌어내기 위해 뛰어드는 취미 생활이 아니기 때문이다. 음악에 대한 사랑이 아니라 주님을 향한 사랑이 가장 우선하는 사람이 반주자가 되어야 한다. 오르간 반주자는 섣부른 실험이나 잔재주, 혹은 뜻밖의 요소들로 회중을 방해하지 않도록 주의해야 한다. 그리고 회중 편에서는 반주자를 우표수집가나 야구광처럼 취미 생활에 열심인 사람 정도로 대해서는 안 된다.

오르간 반주자는 예배를 위한 봉사를 피곤에 지친 한숨(sigh)이 아니라 온전한 기쁨(joy)으로 감당해야 한다. 이러한 공헌에 있어 그는 모든 신자들이 가지는 일반 직분(general office)으로 덕을 행

---
8. *Zijn schone dienst*, pp. 150–151.

하는 것이지(하이델베르크 요리문답 제12주일) 특별 직분(special office)의 소유자로서 그렇게 하는 것이 아니다. 오르간을 통해서 그는 하나님의 찬송을 선포하는 예언자의 직분을, 그의 연주에 온 마음을 담는 제사장의 직분을, 또한 그에게 주어진 영역 안에서 장엄한 악기를 다스리는 왕의 직분을 수행하고 있는 것이다!

이러한 의미에서는 오르간 반주자를 직분자라 부를 수도 있겠다. 그의 직분은 하나님의 모든 백성들이 고귀한 제사장으로서 가진, 곧 하나님께서 맡기신 선물들을 최대한 활용하는 부르심의 일부를 형성한다.

오르간 반주자의 동료들

오르간 반주자는 그의 임무를 수행함에 있어 혼자가 아니다. 우선적으로 하나님의 모든 백성들이 그의 편에 서서 그를 지원하고 독려해야 한다. 그가 잊혀진 구석에서 고독 속에 그의 임무를 수행하지 않도록 말이다. 또한 여러 교회가 하나가 되어 교회의 반주자들을 초청해 공통적인 문제들과 관심들을 의논하는 자리를 마련할 수도 있을 것이다.

오르간 반주자들의 모임은 한 동네나 도시에 한정될 필요가 없다. 필요하다면 지방이나 전국 단위로, 심지어는 국제적으로 모여서 서로의 봉사를 돕고 발전시킬 수 있을 것이다. 개혁교회 오르간 반주자들의 이러한 연합은 선한 의도로 이루어지는 것이다. 따라서 지역 교회의 회의는 그들이 그러한 모임에 참석할 수 있도록 독려하고, 필요하다면 재정적인 지원도 아끼지 말아야 할 것이다.

여기서도 일반적인 법칙은 하나님의 회중에 속한 사람이라면 성도의 교제로부터 자신을 단절시켜선 안 된다는 것이다. 마치 교회의 오르간이 사람들보다 훨씬 앞서가 숨도 쉬지 못할 정도로 그들을 몰아부쳐서는 안 되는 것처럼 말이다. 오르간은 그들 사이에서 함께 웃고 기뻐하며, 때론 함께 울고 애통해해야 한다. 이러한 생각은 네덜란드의 목사이자 시인이었던 레비우스(Jacob Revius)의 시에서도 아름답게 드러난다.

> 오르간은 낮은 땅의 삶 그리고 그것을 담은 그림,
> 건반마다 많은 고통을 나눴네.
> 각자의 자리에서 저마다 내뱉는 울음소리,
> 오르간은 삶의 여정 그리고 사람들의 대화,
> 시편과 기도를 위해 울리네.
> 복이 있도다 여호와를 찬양하는 저 소리.

다시 생각하기

1. 칼뱅은 예배에 오르간을 사용하는 것에 대해 어떤 입장을 가졌는가?

2. 스벨링크(Sweelinck) 시대에 오르간은 어떻게 사용되었는가?

3. 오르간 반주자에게 가장 우선되어야 할 조건은 무엇인가?

4. 반주자를 위한 교육이 왜 필요한가?

5. 반주자를 위한 사례비에 대해 어떻게 생각하는가?

6. 반주자는 어떻게 예배를 준비해야 하는가?

7. 반주자는 예배인도자와 어떻게 협력해야 하는가?

8. 반주자가 동료들과 함께 접촉하는 것이 바람직한 것일까?

9. 오르간 외에 어떤 악기를 사용할 수 있을까?

제14장

헌금

제물(sacrifice)의 예배?

우리가 살펴본 바와 같이, 로마 가톨릭은 예배를 희생제사 (*sacrificium*)로 만들었다. 로마교가 추구하고 있는 것은 속죄의 예배이다. 곧 진노하시는 하나님으로부터 호의를 얻어야 하는데, 그러기 위해서 희생제물을 가지고 가는 것이다.

실제로 이 희생제사는 로마 가톨릭의 예배에서 매우 중요한 부분을 차지한다. 골고다의 피로 얼룩진 제사는 매 예배시에, 그리고 미사가 집전되는 매 순간 피 없는 방식으로 되풀이되어야 한다. 바로 여기에 로마 가톨릭의 성례전적 지향점이 있다. 곧 예배의 핵심은 성찬의 제사인 것이다.

그런데 이에 대해 이렇게 질문할 수 있다. "예배에 제물(sacrifice/offering)이라는 개념이 들어설 자리가 있는가?" 대답은 "있다!"이다. 우리는 공예배 시에 분명히 여호와께 제물을 가지고 간다. 하지만 우리가 가지고 가는 제물은 감사의 제물(offering of thanksgiving)이지 속죄의 제물(offering of atonement)이 결코 아니다!

히브리서 13장 15절은 우리의 기도가 감사의 제물임을 드러낸다. "그러므로 우리는 예수로 말미암아 항상 찬송의 제사를 하나님께 드리자 이는 그 이름을 증언하는 입술의 열매니라." 칼뱅은 이 구절을 다음과 같이 주석한다.

> 그러므로 우리는 다른 모든 행위들보다 합당하게 선호되는바, 하나님께 최고의 예배를 드릴 때 우리가 하나님의 선하심을 감사를 통해 인정한다는 것을 안다. 그렇다. 이것이 하나님께서 현재 우리에게 명령하시는 제사 의식이다. 기도의 전체가 이 한 부분 안에 포함되어 있다는 것은 의심의 여지가 없다. 왜냐하면 우리는 그에게서 듣지 않고는 그에게 감사를 드릴 수가 없으며, 기도하는 자 외에 얻는 자가 없기 때문이다. 사도가 의미하는 것은 한 마디로 우리가 짐승 없이도 하나님으로부터 받기 위해 요구되는 것을 가지고 있다는 것과, 그러므로 하나님께서 정당하게 그리고

실제적으로 우리의 예배를 받으신다는 것이다.

하지만 사도의 계획은 신약 이후로 하나님께 예배드리는 합당한 방법이 무엇인지를 우리에게 가르치는 것이었으므로, 그는 중보자이신 그리스도를 통하지 않고는 하나님께서 우리의 호소를 들으시지도 않고 또한 그의 이름이 영광 받지도 않는다는 사실을 이 방법으로 상기시킨다. 왜냐하면 오직 그분만이 하나님을 찬양할 수 있도록 우리의 더러운 입술을 정화시키시며, 그분만이 우리의 기도를 위한 길을 열어주시며, 그분만이 요컨대 우리의 이름으로 하나님 앞에서 자신을 드리시는 제사장 직분을 행하고 계시기 때문이다.[1]

이 찬양의 제사와 관련해 우리는 종종 기도를 올려드리는 것을 '입술의 열매'라 표현한다. 하지만 감사의 제사인 헌금과 관련해 우리의 관심은 일반적으로 주님께 올려드리는 재물(財物)로 향한다. 교회의 초기에는 이 재물이 종종 헌물(獻物)의 형태를 취했지만, 오늘날에는 대부분 헌금 바구니에 돈을 넣는다. 그러므로 우리의 예배에서도 제사(offering)의 개념이 분명히 있다. 이는 단지 집사들이 헌금을 걷기 위해 회중 사이를 돌아다닐 때에만 해당하는 이야기가 아니다. 우리가 드리는 예배 전체가 감사의 제사(offering of thanksgiving)로서의 성격을 가지고 있어야 한다.

---

[1] *Commentary on Hebrews* 13:15, J. Owen translation. 한글 번역은 영역본을 바탕으로 한 역자의 사역(私譯).

연보(collection)

연보를 뜻하는 영어 단어 'collection'은 어디에서 왔을까? 본래 라틴어 *collecta*는 미사의 처음 부분에 행해지던 기도와 관련이 있었다. 실제로 *collecta*는 '모여지는 것'을 의미한다. 미사의 시작부에 개인적 묵도가 끝나면 사람들은 기도의 종료를 알리는 사제에 의해 모였다.[2] 하지만 시간이 지남에 따라 *collecta*라는 단어는 예배의 – 특별히 로마교 미사의 – 한 요소로서 돈을 모으는 행위를 나타내는 뜻으로 사용되기 시작했다.

고대의 교회에서는 연보가 헌물의 형태로 바쳐졌다. 부자들은 가난한 사람들을 위해 먹을 것과 마실 것을 가져와 애찬을 나눴다. 사도 바울은 이와 연관해 부자들이 스스로는 잘 돌보면서 가난한 자들이 배고픔으로 고통받게 만든 고린도 교회의 상황을 책망했다(고전 11:21–22). 주의 만찬을 위한 재료들도 교회의 회원들이 가지고 와서 목사에게 주었다. 그러면 목사는 회중이 드린 감사의 제물들을 온 교회가 보는 앞에 두었다.

하지만 얼마 안가서 성도들이 감사의 제물을 가지고 와서 세상을 떠난 지인들을 추억하는 관례가 생겨나기 시작했다. (죽은 자들을 위한 기도도 이런 방식으로 생겨났을 가능성이 크다.) 이러한 경향이 서서히 교회 안에 스며들어 감사의 제사가 속죄의 제사로 변질되었고, 그렇게 그리스도의 완전한 제사가 거부되기에 이르렀다. 그러면서 아끼지 않고 헌물을 바치는 것이 하나님의 호의를 얻는 방법이라는 생각이 퍼져나갔다.

---

2. 'collect'라는 단어는 오늘날의 성공회 예배에서도 여전히 이런 의미로 사용된다.

서서히 연보의 형태가 헌물에서 헌금으로 바뀌었다. 스페인에서는 이런 변화가 빠르면 6세기에 이미 일어났지만, 유럽에서 이러한 관례가 보편적으로 자리잡은 것은 11세기가 지나서였다. 때로는 사람들이 추도 미사에서처럼 자신들의 헌금을 손에 들고 앞으로 나오기도 했지만, 대부분의 경우에는 사람들 사이에서 '헌금을 모으는 사람들'이 있었다.

성경에는 예루살렘의 가난한 교회를 위한 연보에 관한 언급이 있다.[3] 바울은 '성도를 위하는 연보'(고전 16:1; 또한 롬 15:27절과 고후 9:12절도 참조)에 대해서, 그리고 '구제할 것과 제물'(행 24:27)에 관해서 언급한다. 라틴어 성경(벌게이트역)이 이 구절의 '제물'을 *vota*로 번역한 것은 눈여겨볼 만하다. 그것은 '*votum*'의 복수형으로, 소원 혹은 맹세의 의미를 가지고 있다.

예배 도중에?

사람들이 헌금 순서를 예배 밖에 두길 원하던 때가 있었다. 스코틀랜드에서는 예배 전에 헌금 순서가 있었다. 주로 예배당의 문쪽에 아름답게 장식된 헌금함이 있었고, 장로 중 한 사람이 그 주변에 서서 그것을 살폈다. 따라서 가난한 형제 자매들을 구제하는 것은 장로들이 담당했고, 집사들은 교회 자체의 재정적인 필요를 돌봤다. 독일의 루터 교회에서도 헌금이 주로 예배 밖에서 드려졌다. 스코틀랜드의 경우와 비슷하게 헌금함이 사용되었지만, 독일의 경우에는 예배를 마치고 나가면서 헌금을 했다.

---

3. *De Gereformeerde Eeredienst*, p. 22.

얼마 전 까지만 해도 제일란트(네덜란드의 남쪽에 위치한 주)의 개혁교회들도 헌금 순서를 예배 밖에 두었다. 내가 그곳에서 목회를 시작했을 때, 예배의 마지막 찬송이 불릴 즈음에 집사들은 지정된 위치에 서 있었다. 총 세 그룹의 형제들이 각자의 위치에서 헌금을 거두었는데, 첫 번째 그룹은 예배당의 뒷편 복도에 서 있었고, 두 번째 그룹은 예배당 입구 쪽에, 그리고 세 번째 그룹은 현관 문 밖에 서 있었다. 판 민넨은 "제일란트에서는 항상 헌금을 예배 중이 아닌 예배당을 나설 때 거둬들인다."라고 말하기도 했다.[4]

그러면 제일란트만 이 관례를 따르고 있었던 것일까? 아니다. 도르트 총회(1618-19)까지 거슬러 올라가보면, 당시에는 헌금을 거두는 가장 적당하고 효율적인 방법을 그것을 예배 순서 밖에 두는 것이라 생각했다. 하지만 이 문제를 강제하기보다 지역 교회들의 결정에 맡겼다. 또한 1578년의 총회도 이와 비슷한 의견을 표했다.

반면에 카이퍼는 헌금을 예배 순서 안에 두는 것을 제안했다. 그는 헌금을 걷는 시간에 헌금을 걷는 목적에 어울리는 성경 구절을 읽는 것을 원했다. 그는 또한 회중으로 하여금 헌금과 관련된 찬송을 부르게 할 수 있는 가능성도 언급했다. 카이퍼 이후로는 헌금과 찬송 순서가 각기 다른 예배의 요소들임을 분명히 알게 되었다. 성경봉독이 예배의 한 부분을 담당하는 별개의 순서인 것처럼 말이다. 그래서 현재는 헌금 시간에 음악만 연주하고 헌금 순서가 끝나고 난 후에 회중 찬송을 한다.

---

4. *De Gereformeerde Eeredienst*, p. 22.

예전에서 헌금 순서가 들어갈 자리

1933년 미델뷔르흐(Middelburg) 총회에서 승인된 예배순서는 헌금을 회중의 기도와 설교 사이에 둔다(4장 참조). 네덜란드 개혁교회 안에서 헌금 순서가 오는 위치와 관련해 매우 다양한 전통이 있어 왔다. 설교 전에 오기도 했고(미델뷔르흐의 제안과 같이), 설교 중간에 오기도 했으며[이 경우 회중이 정신적 휴식을 취할 수 있도록 '중간송'(*tussenzang*)이라 불리는 찬송이 있었음], 설교 후에 오기도 했고(폐회 찬송 전), 그리고 심지어는 예배가 끝나고 난 후에 오기도 했다(집사들이 출구에 서 있었다).

내가 생각하기에 헌금 순서의 가장 적절한 위치는 예배의 마지막 부분, 곧 폐회 찬송 직전에 전주(prelude)를 할 때이다. 교회사와 논리적 관점을 고려할 경우, 이것이 최상이라 생각된다. 언약 백성들은 설교를 통해 하나님의 말씀을 받았다. 그렇다면 그들이 그에 대한 반응으로 주님께 감사의 제사를 올려드리는 것이 논리적이면서 적절하지 않은가? 또한 이것이 고대의 교회에서 행해지던 관습이기도 하다. 고대교회에서 헌금 순서는 여호와의 회중이 속죄가 행해진 것에 대해 반응했던 예배의 한 요소였다.

몇 번의 헌금이 적당한가?

헌금이 한 예배에서 일반적으로 세 번 행해지던 시기가 있었다. 이에 대해 카이퍼는 다음과 같이 말한다. "헌금은 한 번만 거두어야 하고, 그것은 가난한 자들을 위한 것이어야 한다. 하지만 사람들은 거의 대부분 교회 스스로를 위한 목적으로 두 번째 헌금을 거두고,

종종 회중이나 더 큰 집단 사이에서 드려진 특정 예배를 위해 추가적으로 세 번째 헌금을 거두기도 하는데, 이는 잘못된 것이다. 헌금의 총 액수는 헌금 주머니가 전체 회중 가운데 세 번이나 돌았다는 사실에 영향을 받는다. 하지만 이상적인 회중 가운데서는 헌금이 이런 식으로 진행되지 않을 것이다. 헌금은 한 번으로 충분해야 하고, 그 용도를 다시 나누는 것은 당회가 해야 한다. 하지만 이러한 접근은 현실적으로 거의 불가능하다. 세 번의 헌금을 따로 하는 것이 한 번의 헌금을 세 가지 목적으로 나누는 것보다 훨씬 많은 금액을 거둬 들인다.[5] 또한 농촌 지역의 교회에서는 두 번째 헌금에 첫 번째 헌금을 하지 못한 소수의 사람들만 일부 참여함에 따라 전체 액수에는 크게 차이가 없는 경우도 많다.

같은 예배에서 한 번 이상의 헌금을 한다는 생각은 이제는 사라져가는 추세이다. (하지만 여전히 많은 개혁교회에서는 첫 번째 헌금으로 교회 자체의 재정을 감당하고 두 번째 헌금으로 지정된 목적을 위해 사용하고 있다.) 현재는 헌금을 두 세개의 목적으로 나누지 않고 한 번의 목적에 집중하고 있다. 물론 가끔씩 교회와 직접적인 관련이 없는 특정한 목적을 위해 문 앞에서 추가적인 헌금을 거두는 것이 여전히 가능하다. 하지만 이러한 헌금은 정기적인 관례로 굳어져서는 안되고 이따금씩 있어야 한다. 따라서 교회의 회의는 '한 번의 헌금'을 요청할 필요가 있다. 또한 충분히 한 번의 헌금으로도 교회가 예전에 두 세 번 헌금하면서 거두었던 것보다 많이 거둬들일 수 있을 것이다.

---

5. *Onze Eeredienst*, p. 347.

헌금을 가난한 자들을 위해서만 해야 한다는 생각도 현재는 많이 사라진 상황이다. 성경은 신약의 교회가 헌금을 통해 다른 지역에 있는 교회의 필요를 채워준 예를 제공하고 있다. 또한 교회들이 연합해서 말씀의 봉사자를 훈련시키는 일이나, 선교를 지원하는 일, 혹은 다른 선한 목적들을 위해서도 헌금이 사용될 수 있을 것이다.

9장에서 제안한 바대로, 자비의 봉사를 위한 헌금이 주의 만찬이 있는 주일에 한정된다면, 현재 우리가 행하고 있는 관행에서 한 걸음 더 나아갈 수 있을 것이다. 그렇게 한다면 그 외 주일의 헌금 일정표 상에 있는 다른 목적들을 위해 헌금할 기회를 충분히 마련할 수 있을 것이다. 하지만 여기서 명심해야 할 것이 있다. 그것은 우리가 헌금을 다른 사람들이나 서로를 위해 거두는 것이 아니라 하나님을 위해 드린다는 것이다. 헌금을 통해 우리는 주님께 '감사의 제사'를 드리는 것이다. 영광은 오직 하나님께만 돌려져야 한다. 그리고 예배의 모든 것은 그분을 말해야 하고, 또 그분을 향해야 한다.

감사의 제사를 드릴 때, 우리는 드릴 수 있는 특권이 있음에 기뻐해야 한다. 독일의 한 격언이 잘 이야기하고 있는 것처럼, 예배의 이런 요소를 위해서는 감사하는 마음이 필수적이다. "따뜻한 마음이 없는 자비는 가난한 마음을 만든다"(*Barmhartigheid zonder warmhartigheid is armhartigheid*). 이것은 또한 사람들이 헌금에 관해 자주 인용하는 다음의 성경 구절을 이해하는데 필요한 정신이다. "각각 그 마음에 정한 대로 할 것이요 인색함으로나 억지로 하지 말지니 하나님은 즐겨 내는 자를 사랑하시느니라"(고후 9:7).

다시 생각하기

1. 예배에 제물(sacrifice/offering)이 들어설 자리가 있는가?

2. '감사의 제물'의 특성이 어떻게 변질되었는가?

3. 헌금이 예배순서 밖에서도(예배 전후에도) 이루어져야 하는가?

4. 예배에서 몇 번의 헌금이 적당한가?

5. 헌금과 관련해 어떤 규정이 필요할까?

6. 헌금을 폐지하고 자발적인 기부로 대체하는 것이 옳은가?

제15장

회중의 아멘

마무리짓는 용도

이제 예전에서 가장 마지막에 사용되는 짧은 단어에 대해 살펴보자. 하이델베르크 요리문답의 마지막 질문과 대답은 이 간결한 단어 '아멘'이 무엇을 뜻하는지 말해준다. 그것은 곧 "그것이 참되고 확실하다."는 뜻이다.

이 단어는 오랜 역사를 가지고 있다. 또한 다른 예전적 용어(예:

호산나, 할렐루야, 마라나타 등)와 마찬가지로 그것은 보통 번역되어 사용되지 않기 때문에 언어적 장벽도 뛰어 넘는다. 그것은 히브리 단어로서 기본적으로 무언가가 마무리되고 있다는 것을 표현한다. 학자들은 이 단어가, 구상하는 물건이 나올 때까지 연장을 단련하는 장인을 뜻하는 앗수르어 '우마누'(*umânu*)와 연관이 있다고 주장하기도 한다.

주의 깊은 청중들은 이 단어를 통해서 "당신이 말하는 것이 옳을 뿐만 아니라 제 삶이 이 진리를 뒷받침할 증거를 가지고 있습니다."라고 고백한다. 그리고 여기에 다음의 의미가 추가된다. "제 삶이 이 진리와 일치하도록 변화되길 원합니다."

맹세의 확증

구약에서 '아멘'은 세 가지의 다른 의미로 등장하는데, 우선 이 단어는 맹세에 대한 확증의 기능을 한다. '아멘'이 맹세를 확증하는 예는 민수기 5장 11-31절에서 찾을 수 있다. 한 아내가 부정함이 의심되어 남편에 의해 제사장 앞으로 끌려갔을 때, 제사장은 그녀에게 '저주의 맹세'를 하게 한다(21절). 그 때 제사장의 요청에 대해 아내는 '아멘, 아멘'으로 맹세해야 했다. 그렇게 함으로써 그녀는 저주의 효과에 그녀의 삶을 내맡겼던 것이다.

둘째, 우리는 에발산의 저주에서도 이 예를 찾을 수 있다(신 27:11-26). 레위인들은 이스라엘의 모든 사람 앞에 서서, 하나님의 율법을 짓밟는 자에게 임할 하나님의 저주를 큰 소리로 선언해야 했다. 이 구절에서는 "모든 백성은 아멘 할지니라."라는 문장이 열

두번이나 반복된다. 사람들은 여호와의 이름으로 선포되는 이 저주에 합당하게 반응함으로써 이 저주를 공식적인 것으로 만들었다.

'아멘'이라는 단어가 맹세의 확증에 사용된 또 다른 예는 느헤미야 5장 13절에서 찾을 수 있다. 느헤미야는 가난한 사람들을 위한 자신의 조치에 관해 사람들이 맹세하기를 원했다. 그는 옷자락을 털며 다음과 같이 말했다. "이 말대로 행하지 아니하는 자는 모두 하나님이 또한 이와 같이 그 집과 산업에서 털어 버리실지니 그는 곧 이렇게 털려서 빈손이 될지로다." 그 때 모든 회중은 '아멘'으로 화답하고 여호와를 찬송했다.

위임된 권위에 대한 확증

구약에서 '아멘'이라는 단어가 뜻하는 두 번째 의미는 그것이 하나님의 뜻과 일치한다고 선언하며 위임된 권위를 확증하는 것이다. 이러한 예는 열왕기상 1장 36절에서도 찾을 수 있다. 브나야는 다윗으로부터 솔로몬을 왕으로 세우기 위해 무엇을 해야할지에 관해 듣고는 이렇게 대답했다. "아멘 내 주 왕의 하나님 여호와께서도 이렇게 말씀하시기를 원하나이다." 이 '아멘'으로 브나야는 다윗의 결정의 정당성을 인정하면서 그 스스로도 그 결정에 복종하겠다고 선언하는 것이다. 그러므로 '아멘'은 소망이나 기도를 피력하는 것이 아니라 명백한 확신을 나타내는 것이다. 곧 아도니야가 아니라 솔로몬이 다윗을 이어 왕이 되는 것이 하나님의 뜻임을 인정하는 것이다.[1]

---

1. 이 점에 있어 열왕기상 1장 36절의 화란어 번역은 영어 번역(RSV)보다 저자의 요점을 더 명

여기에서 우리가 주목해야 할 점은 발화자가 스스로 말한 내용을 확증하기 위해 아멘을 사용하는 것이 아니라는 점이다. 오히려 그것은 다른 누군가의 말을 확증하기 위해 쓰인다. 다시 말해, 아멘은 해당 발언을 한 사람에 의해서가 아니라 그것을 듣는 사람에 의해 말해지는 것이다.

찬양을 수반하는 동의

'아멘'의 세 번째 구약적 의미는 두 번째와 비슷한 것으로, 찬양을 수반하는 동의를 나타내는 것이다. 이에 대한 예는 여러 가지를 들 수 있다. 다윗이 찬양의 노래를 부르고 난 다음에 백성들은 '아멘'(대상 16:36)이라 소리쳤다. 에스라가 위대하신 하나님을 송축했을 때, 모든 백성들은 손을 들고 '아멘, 아멘'하며 응답하면서 몸을 굽혀 여호와께 경배했다(느 8:6). 두 경우 모두 여호와를 찬양한 것에 대한 백성들의 동의를 나타낸 것이라 볼 수 있다.

또한 시편 안에서 각 권을 마무리하는 송영의 끝에 아멘이 사용되는 것을 발견할 수 있다(시 41:13; 72:19; 89:52; 그리고 106:48). 비록 시편 150편은 아멘이라는 단어가 명시적으로 드러나진 않지만, 다섯 권으로 구성된 시편 전체에 대한 '아멘으로서의 마무리'라고 볼 수 있다. 여호와께 올려드리는 찬양이 불려질 때, 회중으로부터 그에 대한 합당한 반응으로 '아멘'이 흘러나와야 하는 것이다.

확히 드러낸다.

유대인들 사이에서

아멘은 유대인들의 예배에서 널리 사용되었다. 회중은 이 단어로 자신들의 믿음을 표현했고, 예배인도자의 입에서 나온 이 단어를 자신들의 것으로 받아들이며 하나님을 찬양했다. 회당에서 예배드리던 회중은 아론의 삼중적 축복(민 6:24–26)에 세 번의 아멘으로 화답했다. 그것은 그 복이 진실로 자신들의 것이라는 선언이었다.

회당 밖에 있을 때에도 유대인들은 다른 누군가의 입에서 나온 찬양이나 기도에 대한 반응으로 아멘을 사용했다. 또한 그것으로 다른 사람이 맹세나 저주를 확증하기도 했다.

예전적 응답

신약에서 아멘은 세 가지 구별된 의미로 사용되었는데, 이것들은 서로 긴밀하게 연관되어 있다. 먼저 이 단어가 예배에서 예전적인 반응으로 사용되었음을 발견할 수 있다.

고린도전서 14장 16절은 회중 가운데 듣는 사람들이 응답했던 아멘에 관해 언급하고 있다. "네가 영으로 축복할 때에 알지 못하는 처지에 있는 자가 네가 무슨 말을 하는지 알지 못하고 네 감사에 어찌 '아멘' 하리요?" 고린도후서 1장 20절은 회중의 아멘이 오직 그리스도로 말미암아 가능한 것임을 드러낸다. 또한 요한계시록 5장 14절에서는 이 단어가 천상의 예배에서 일어나는 예전적 응답으로 나타난다.

송영 다음에 오는 아멘

둘째, 신약에서 아멘은 기도, 특히 송영 다음에 사용되었다(예: 롬 1:25; 9:5; 11:36; 16:27; 갈 1:5; 엡 3:21; 빌 4:20; 딤전 1:17; 6:16; 딤후 4:18; 히 13:21; 벧전 4:11; 5:11; 유 1:25; 계 1:6; 7:12). 저자들은 하나님에 대한 찬양이 크게 읽혀질 때, 편지의 수신자들이 아멘으로 화답하기를 바랐음이 틀림없다. 이에 대해 포프(F. J. Pop)는 다음과 같이 말한다. "저자는 마치 회중의 응답을 이미 듣고 있듯이 아멘을 쓰고 있다. 이 아멘으로 자신들에게 들려지는 것에 대해 회중이 얼마나 완전한 응답으로 반응하고 있는지는 때때로 그것에 선행하는 '그러하리라'에서 잘 드러난다(계 1:7; 22:20). 그렇게 함으로써 회중은 하나님의 말씀을 자신들에게 전적으로 유효한 것으로 만드는 것이다."[2]

예수님의 말씀 앞에 오는 아멘

셋째, 복음서에서 '아멘'은 최소 75회 이상 등장하는데, 주로 주 예수 그리스도께서 하신 말씀의 도입부로 사용되고 있다. 이는 '진실로'와 같은 단어로 번역되어(예: "진실로 진실로 너희에게 이르노니 …"), 뒤따르는 말씀을 인침으로써 그것들이 참되고 신뢰할 수 있음을 드러내는 역할을 한다.

그리스도 예수께서는 이 짧은 단어를 사용하시어 그가 말씀하시고자 하는 것의 중대성을 나타내고자 하신다. 우리 구주께서는 계시록에서 당신을 '아멘이신 이'(계 3:14)로 드러내고 계시기에 그는

---

2. *Bijbelse woorden en hun geheim* (The Hague, 1951), p. 4.

온전히 신뢰할 만하다. 그리스도께서는 하나님의 구원의 약속들에 대한 보증이자 증거 그 자체이시다.

초기의 교회

이상 구약과 신약에서 아멘이 회중에 의해 예전적 용어로 사용되었음을 살펴봤다. 또한 그것이 동일한 방식으로 초기 기독교회에서도 사용되었음을 알 수 있다.

순교자 저스틴은 2세기에 쓴 그의 글에서 회중이 예배의 마지막에 아멘으로서 자신들의 동의를 나타냈다고 말한다. 비잔틴이나 예루살렘 교회의 예전에서는(2장 참조) 주의 만찬을 시작하는 말씀에 대해 아멘으로 응답했고, 동일한 관행이 아우구스티누스가 활동했던 시기의 북아프리카에서도 발견된다(4세기 말과 5세기 초). 또한 아멘은 기도나 성경봉독, 그리고 설교에 대한 동의의 표시로 사용되었다. 비슷한 시기에 살았던 제롬은 갈라디아서의 주석에서 회중들의 아멘 소리가 천둥소리처럼 대성당에 울려퍼지는 것에 대해 언급한다.

관습의 변화

유감스럽게도 몇 세기가 지난 후에는 회중의 입에서 '아멘'이라는 단어를 들을 수 없게 되었다. 그 단어 자체가 예배에서 사용되지 않은 것은 아니다. 하지만 그것은 회중의 입이 아닌 사제의 입으로 옮겨갔다. 그리고 그가 그렇게 할 때 아멘을 찬양의 환호 가운데 하는 것이 아니라 단지 작은 소리로 입밖에 내뱉을 뿐이었다.

회중이 찬송을 빼앗겼을 때와 동일한 일이 '아멘'에서도 일어났다. 회중은 더 이상 성경봉독에도, 설교나 기도에도 반응할 수 없었다. 그것이 사제에게로 옮겨갔기 때문이다. 오직 사제의 행동만 가치가 있었고, 회중에게 남겨진 일은 그저 잠자코 보고 듣는 것뿐이었다. 아마도 회중은 그러는 가운데서도 속으로 아멘이라고 했을 것이다.

종교개혁의 시기에는 중세의 예전에서 사라진 부분들이 상당히 회복되었다. 특히 회중은 언약적 예배 가운데 자신들의 역할을 되찾았다. 하지만 그럼에도 불구하고 '아멘'을 되찾지는 못했다.

칼뱅은 주기도문에 관해 말하면서 '아멘'이라는 단어의 의미에 대해 다음과 같은 아름다운 설명을 덧붙였다. "그리고 맨 마지막에 '아멘'이 덧붙여져 있다(마 6:13). 우리가 하나님께 구한 바를 얻고자 하는 간절한 마음의 소망이 이를 통해서 표현되는 것이다. 이런 유에 속하는 모든 일들이 이미 일어났으니, 또한 확실히 우리에게 주어질 것이라는 우리의 소망이 한층 견고해진다. 하나님께서 약속하셨는데, 그는 속이지 못하시는 분이기 때문이다."[3] 하지만 그렇다고 하더라도, 예전적 의미에서 칼뱅이 '아멘'을 회중들에게 완전히 돌려준 것은 아니었다. '아멘'은 그 이후로도 계속 설교단에 머물러 있었다.

---

3. *Institutes* (Battles translation), III, 20, 47. 우리말 번역은 존 칼빈, 『기독교강요 최종판(중)』, 원광연 역(경기: 크리스챤 다이제스트, 2006), 503에서 가져옴.

다시 회중에게로!

개혁주의 진영의 많은 지도자들이(판 롱언 목사와 트림프 박사 등[4]) 아멘을 설교단에 한정시킬 것이 아니라 회중들에게 돌려줘서 그들이 찬양, 기도, 설교, 그리고 축복과 연관해 사용하도록 해야 한다고 주장했다. 목사가 설교에 대한 반응으로 회중들이 부를 아멘송을 알려주는 것으로는 부족하다. 고대에는 회중 스스로 아멘을 말하거나 아멘송을 불렀는데, 그 때 그들은 아멘송을 다른 말로 에둘러 부르지 않았다. 그 전통을 따라 우리가 아멘송을 부를 때에도 단지 '아멘'을 반복하는 것이 더 좋을 것이다. 물론 다른 가능성도 고려할 수 있다. 우리는 형식에 관해서는 늘 새로운 것들을 받아들일 준비가 되어 있어야 한다.

하지만 우선적으로 이 문제에 관해 진지한 고민이 필요하다. 또한 언약적 반응인 아멘이 우리의 예배 전면에 등장해야 한다는 회중의 확신도 필요하다. 이는 곧 아멘이 목사의 입이 아닌 듣는 사람의 입에서 나오는 것을 의미한다. (최근에 몇몇 개혁교회의 예전에서는 회중이 아멘으로 화답하기도 한다.) 이러한 방향으로 나아간다면, 언약의 당사자로 여호와 하나님을 섬기는 회중의 능동성을 확보할 수 있을 것이다.

---

4. G. van Rongen, *Zijn Schone Dienst* (Goes: Oosterbaan & Le Cointre, 1956), pp. 114–118; C. Trimp, *De Gemeente en Haar Liturgie* (Kampen: Van den Berg, 1983), p. 100 참고.

다시 생각하기

1. 아멘이 구약에서 쓰인 용례 세 가지는 무엇인가?

2. 회당에서 아멘은 어떤 경우에 사용되었는가?

3. 아멘이 신약에서 쓰인 용례 세 가지는 무엇인가?

4. 아멘이 1세기에는 어떻게 사용되었는가?

5. 시간이 경과하면서 이러한 사용이 어떻게 변질되었는가?

6. 어떻게 하면 예배에서 아멘을 가장 잘 사용할 수 있을까?

7. 어떤 시편을 아멘송으로 활용할 수 있을까?

제 16장

특별한 예배들

하이델베르크 요리문답 설교의 순서

   개혁주의 예전은 교회력이나 절기가 어느 한 주일을 '특별하게' 만드는 것을 허용하지 않는다. 예배에는 원리적으로 상당한 정도의 자유가 보장되어 있어야 하고, 또한 이것은 실제로도 그렇게 행해져야 한다. 예배가 일과표나 성구집[1]을 따르는 체제는 여러 가지

---

1. 성구(聖句, periscope)는 성경의 짧은 단위 혹은 구절이다. 이 체제를 받아들인 교회는 매 주

맹점이 있다. 왜냐하면 이 체제가 사용된다면, (성경 전체가 아니라) 성경의 어느 특정 구절들만 해당 예배에 맞춰서 고려될 것이기 때문이다.

하지만 그렇다고 해서 구원의 실제에 관해 순차적으로 설교할 방법이 없다는 의미는 아니다. 당연히 우리의 교회에는 순서대로 따라야할 한 가지 규범이 있다. 그리고 그 규범은 실제 한 해를 기준으로 가르쳐지게끔 만들어졌다. 구(舊) 돌트 교회질서의 68조는 다음과 같이 규정하고 있다. "모든 지역의 목사는 현재 네덜란드 교회 안에 받아들여지는 (하이델베르크) 요리문답 안에 있는 기독교 교리의 요약을 일반적으로 오후 예배의 설교에서 간략하게 설명함으로써 요리문답 자체의 분류에 따라 이 설교들이 매년 마쳐지도록 해야 한다."

목적은 분명하다. 즉 이 요리문답이 '52주일'로 나누어진 데는 이유가 있다. 요리문답 설교는 1월의 첫째 주일에 시작해 12월의 마지막 주일(52주 째)에 마치기로 되어 있고, 처음부터 그렇게 행해져 왔다. 심지어 주의 만찬이 있는 주일에도 선조들은 요리문답 설교의 순서에서 벗어나는 것을 거부했다.

종교개혁의 시기에는 종교적 축일이라는 개념에 대한 상당한 반감이 있었다. 화란 개혁교회가 성탄절이나 승천절 당일, 그리고 부활절, 성탄절, 성령강림절의 이튿날을 절기로 지킨 것도 정부의 압력에 의한 것이었다. 하지만 시간이 지남에 따라 이 종교적 축일을 기념하는 예배가 강조되기 시작했고(부활주일이나 성령강림주일),

---

일의 성구를 미리 정해놓았는데, 이는 실제로 성경의 일부만을 사용하는 것을 의미했다.

때로는 주의 만찬이 있는 주일도 특별한 주일로 여겨졌다. 그 결과 목사들이 일년에 요리문답 설교 전체를 마치는 것이 점점 더 힘들어지게 되었다. 따라서 1905년에 열렸던 위트레흐트 총회(Synod of Utrecht)는 돌트 교회질서의 68조를 조금 수정해 52주로 된 요리문답 자체의 분류에 따라 매년 요리문답이 '가능한 한 많이' 설교되어야 한다고 바꿨다.

캐나다 개혁교회의 교회질서 52조는 다음과 같이 규정한다. "당회는 원칙적으로(as a rule) 매 주일 한번 씩 하이델베르크 요리문답에 요약된 성경의 교리가 선포되도록 보장해야 한다." 나는 개인적으로 '원칙적으로'(as a rule)라는 문구가 추가된 것을 유감으로 생각한다. 그것이 온갖 종류의 예외를 허용할 수 있는 문을 열어두었기 때문이다. 많은 사람들은 주장하길, 특별한 주일을 고려한다면 일년에 요리문답 전체를 다루는 것이 현실적으로 불가능하다고 한다. 하지만 우리의 선조들은 특별한 주일에 관해서 분명히 알고 있었음에도 불구하고 요리문답 설교를 충실히 이행했다. 요리문답의 내용이 얼마나 풍성한 것인지 알고 있었기 때문이다. 그리고 그들은 요리문답이 어떻게 성찬 주일과 연관되어 사용될 수 있는지도 잘 알고 있었다.[2]

익숙한 반론 중의 하나는 일반적으로 지역교회의 목사가 휴가를 떠나는 시기가 매년 비슷하기 때문에 회중은 늘 그 시기의 요리문답 본문에 관련된 설교를 들을 수 없다는 것이다. 그것이 문제가 되

---

[2]. 요리문답 설교와 그것의 유지에 관한 더 자세한 논의는 판 도른 목사의 책을 참고하기 바란다: G. Van Dooren, *The Beauty of Reformed Liturgy* (Winnipeg: Premier Publishing, 1980), pp. 55–67. (우리말 번역서: 판 도른, 『예배의 아름다움』, 안재경 역 (서울: SFC, 1994), 91–117.)

던 때도 있었지만, 오늘날의 목사들은 여름 외에도(때로는 일년에 한 번 이상) 휴가를 떠날 수 있고, 실제로 많은 목사들이 그렇게 하고 있다. 따라서 우리는 더 이상 '휴가 기간'에 해당하는 요리문답 본문에 대해 걱정하지 않아도 된다. 그리고 설령 이것이 문제가 될지라도 한 번에 두 주일에 해당하는 본문을 연계해서 설교하는 방법도 있다.

나는 일 년 주기에 맞춰서 요리문답 설교를 하는 것이 전적으로 가능하고 또한 그것을 고수해야 한다고 생각한다. 그리고 한 지역에 있는 이웃 교회끼리는 가능하면 이 일정을 동시에 따르는 것이 현명한 예전적 결정이다. 그렇게 함으로써 한 교회의 회중은 이웃 교회도 역시 동일한 진도를 맞춰나가고 있다는 확신을 가질 수 있을 것이다. 뿐만 아니라 이는 목사에게도 매우 유익한데, 그가 사정상 이웃 교회의 예배를 인도해야 하는 경우에 동일한 본문을 가지고 설교할 수 있기 때문이다.

주일에 있는 특별한 예배들

주일에 있는 특별한 예배들은 말씀의 설교 외에도 거룩한 세례(성인과 유아)를 베풀거나 성찬을 시행하는 예배들을 일컫는다. 때로는 세례와 성찬이 한꺼번에 같은 예배에서 시행되기도 한다. 또한 (입교나 세례 전) 공적 신앙고백을 확인하는 예배가 있는가 하면, 말씀의 사역자나 선교사, 혹은 장로나 집사를 직분자로 세우는 예배도 있다.

나는 이 모든 예배에서 말씀의 설교가 먼저 오는 것을 추천한다.

회중이 선포된 말씀에 아멘으로 화답하고 나서 해당 예식문을 읽음으로써 예배를 계속 진행하는 것이다. 또한 이 예식문들이 오늘날의 언어로 읽혀지는 것을 들음으로써 우리가 무엇에 관한 가르침을 받고 있는지 이해할 수 있다는 사실에 감사해야 할 것이다.

주중에 있는 특별한 예배들

주중에 있는 특별한 예배들은 새해 전야 예배나 새해 첫날의 예배, 성 금요일, 그리고 크리스마스 예배로 한정된다. 어떤 교회들은 송구영신 예배로 한 해의 마지막과 새 해의 시작을 동시에 맞이하기도 한다.

원칙적으로 주중에도 예배가 있던 시절이 있었는데, 그 때 사람들은 주로 수요일 저녁에 모였다. 오늘날에는 주중에 온 회중이 예배로 모이는 것이 거의 불가능하다. 비록 많은 침례교회들이 여전히 매주 수요일에 '기도 모임'을 하고 있지만 말이다.

또한 회중을 봄의 한 저녁에 소집해서 늦봄과 초여름 사이의 생장기와 다가오는 추수기에 하나님께서 복 주시길 간구할 수도 있겠다. 가을에는 추수감사절 즈음에(캐나다에서는 10월 초, 그리고 미국에서는 11월 말) 회중이 모여 하나님께서 그 해에 주신 것들에 대해 감사할 수도 있다.

혹자는 농사와 관련된 계절이 예전처럼 우리의 삶에 지대한 영향을 끼치는 것이 아니라는 점을 들어 그러한 예배들을 반대하기도 한다. 산업화의 영향으로 훨씬 더 복잡해진 경제 시스템이 더 이상 계절적 요인에 크게 좌우되지 않는 것은 사실이다. 하지만 오늘날과 같이 표면적 번영과 쉴 새 없는 노동으로 꽉 찬 시대, 많은 사람들이 두 주먹을 불끈 쥐고 스스로의 유익과 안정된 삶을 도모하는 시대일수록 성도들로 하여금 하늘에 계신 창조주께 의탁하는 방법을 가르치는 것이 중요하다. 하나님께서는 모든 삶을 주관하고 계시고 '모든 좋은 것의 근원'이 되시는 분이시기 때문이다(하이델베르크 요리문답 제50주일).

물론 어떠한 의미로도 이러한 예배들이 정기적인 주일 공예배를 대신할 수는 없지만, 최근에는 회중이 일 년에 몇 차례는 이러한 특별한 예배로 모일 필요를 느끼는 듯하다. 때로는 날씨나 기후같은 지역적 특징이 그러한 예배를 회집하는 동기가 되기도 한다.

내가 앤틸리스(Antilles) 제도의 북쪽 섬들을 방문했을 때, 나는 허리케인이 자주 발발하는 지역의 신자들이 특별한 기도회로 모이고 싶어한다는 것을 알게 되었다. 그 곳에서는 허리케인 시즌이 다가올 때, 주중의 한 날을 정해서 저녁에 기도회로 모이곤 했다. 그리고 허리케인 시즌이 지나갔을 때에도 주중의 한 날을 정해 특별한 예배로 주 하나님께 감사하곤 했다.

어떤 개혁교회들은 매년 정기적으로 특별한 기도회를 가지기도 한다. 캐나다 개혁교회의 교회질서 54조는 다음과 같이 말하고 있다. "전쟁, 재난, 그리고 다른 큰 고통의 시기에 그것의 존재가 교회 전반적으로 절실히 느껴진다면, 그 목적에 대해 총회의 승인을 받은 교회들은 기도의 날을 선포할 수 있다." 화란 개혁교회는 정부가 낙태의 합법화를 제안하고 추진할 때 특별한 기도의 날을 정해 그것을 위해 기도하기도 했다. 또한 기도회가 주중 한

날에 정기적으로 열릴 수도 있는데, 특히 많은 사람들이 죽을 수 있는 위험한 상황이 다가올 때이다. 예를 들면, 2차 세계대전 당시 독일이 네덜란드를 점령했을 때, 정기적인 기도회가 열렸다.

일반적인 원칙은 회중이 주일에 두 번 말씀의 예배를 위해 모이는 것이다. 하지만 하이델베르크 요리문답 제38주일은 '특히' 안식의 날에 우리가 하나님의 교회에 부지런히 참석할 것을 말한다. 이로부터 알 수 있는 것은 이 진술이 주중에 회집되는 특별한 예배를 제외시키지 않는다는 사실이다. 하지만 만일 그러한 예배로 모이게 된다면, 특별한 목적에 관심이 있는 소수의 개인들만 모이는 것이 아니라 여느 때와 마찬가지로 회중 전체가 모여야 할 것이다.

다시 생각하기

1. 과거에는 요리문답 설교에 대해 어떤 질서가 요구되었는가?

2. 특별한 예배에서 예식문은 어떤 순서에 와야 하는가?

3. 특별한 기도일과 감사일을 지키는 것이 옳은가?

제17장

결론

    아브라함 카이퍼는 1911년에 예배에 관한 그의 책을 마치면서 다음과 같이 썼다. "예배와 관련해 많은 주제들을 다룰 수 있고 또 충분히 그럴만한 가치가 있지만, 이 주제에 관해 나는 이미 560페이지를 썼고, 이 책이 더 이상 두꺼워지는 것을 바라지도 않는다."[1] 내가 쓴 이 책은 카이퍼의 책보다 훨씬 짧으며, 이 책의 주제들과

---

1. *Onze Eeredienst*, p. 556.

연관해 추가적으로 다루어야 할 부분들도 많다. 하지만 카이퍼가 그랬던 것처럼, 나 역시 내 책이 더 두꺼워지는 것을 바라지 않는다.

다만 나는 이 책을 마무리하며 예배에 대해 고민하기를 요청한다. 이 고민은 개인적으로 할 수도 있고, 혹은 소규모 토의 그룹이나 교회 공동체의 모임에서 다소 공적으로 다룰 수도 있다. 특히 예배의 각 요소가 어떤 의미를 가지고 있는지에 대해 생각해 보아야 한다. 그렇다고 우리가 이미 가지고 있는 예전적 요소들에 무언가를 추가해야 한다고 주장하는 것은 아니다. 예배에 관해 생각할 때는 양이 아닌 질에 집중해야 한다. 다시 말해 각 예전의 요소들 가운데서 하나님과 깊은 교제를 경험해야 한다는 것이다. 바람직한 예배가 충만함으로부터 말미암는 것이 아니라 바람직하게 드려진 예배에서 충만함이 흘러나옴을 기억해야 할 것이다. 바람직한 예배란 곧 예전의 각 요소가 가지는 의미에 대한 풍성한 이해를 바탕으로 하나님께서 원하시는 방식으로 드리는 예배이다.

예배의 의미에 대해 심사숙고하는 가운데 우리는 시편의 저자처럼 다음과 같이 노래할 수 있을 것이다.

> 내가 여호와께 바라는 한 가지 일
> 그것을 구하리니
> 곧 내가 내 평생에
> (모든 것이 그를 말하는)[2]

---

2. 이 책의 원서 제목은 "Waar alles van Hem spreekt"인데, "모든 것이 그를 말하는 곳에서"(Where everything speaks of Him)라는 뜻이다. 이는 원래 화란 개혁교회 시편 찬송집 (Gereformeerd Kerkboek, 1975)에 실린 시편 27편의 3절 가사로, 한글 성경의 '여호와의 집'을

여호와의 집에 살면서

여호와의 아름다움을 바라보며

그의 성전에서 사모하는 그것이라(시 27:4)

수식하는 부분이다-역자 주.

다시 생각하기

1. 우리가 예배에 관해 계속해서 생각해 볼 수 있는 주제에는 어떤 것들이 있을까?

2. 우리가 현재 가지고 있는 예전적 요소들에 무엇인가를 추가하는 것이 항상 옳을까?

예배, 하나님만을 향하게 하라

초판1쇄 2014년 12월 22일
초판2쇄 2015년 3월 5일

지은이 카렐 데든스
펴낸이 이의현
펴낸곳 SFC출판부
등 록 제 114-90-97178
　　　　(137-803) 서울특별시 서초구 고무래로 10-5 2층 SFC출판부
　　　　Tel. (02)596-8493 Fax. 0505-300-5437
홈페이지 www.sfcbooks.com　**이메일** sfcbooks@sfcbooks.com

기획・편집 이의현
디자인편집 조희영
영업마케팅 장향규

ISBN 978-89-93325-77-5　03230

값 10,000원

잘못 만들어진 책은 언제든지 교환해 드립니다.